自分を強くする

動じないメンタルと能力が身につく本

横山信弘
㈱アタックス・セールス・アソシエイツ
代表取締役社長

フォレスト出版

はじめに

「強い人」とは、どんな人か？

不安や恐怖に動じず、冷静さを保てる人。
失敗やリスクに動じず、チャレンジ精神が旺盛な人。
困難や負担に動じず、解決策を粛々と考えられる人。
周囲の声に動じず、自分なりの考えが持てる人。

このような人は誰が見ても「強い人だ」と感じることでしょう。

「強い人」という言葉から思い描くイメージといえば、強靭な肉体やタフなメンタル、はたまた勝負強さなど千差万別だと思いますが、私は**「強い人」の上位概念は「動じない人」**だと考えています。

中には「強い人」と聞いて、ものすごい権力を持っている人を思い浮かべる人もいるかもしれませんが、冷静に考えると、そこで動じないのは地位であって、本人が強い人かどうかは別の話です。

誰でも「強い人」に変われる

私は企業の現場に入って目標を絶対達成させるコンサルタントです。立ち上げた株式会社アタックス・セールス・アソシエイツは、「世界一の営業支援の会社を目指す」という理念を掲げ、コンサルティング事業を展開しています。NTTドコモやソフトバンク、サントリーといった大企業から、地方で活躍する小さな企業まで、さまざまな支援実績があります。

また当社は、社長である私のみならず、年間200回以上の講演やセミナーを依頼される コンサルタントが2名、150回以上が3名、100回以上が2名いるなど、多くの企業から支持されるコンサルタントが在籍する集団でもあります。

あるメディア関係者から「横山さんって、もしかして山北陽平さんと同じ会社の方ですか」と聞かれたことがあります。

同じ会社も何も、山北陽平は私の部下です。

ベストセラー『結果を出すリーダーほど動かない』(「読者が選ぶビジネス書グランプリ2018」で第8位)の著者である山北陽平は、「壁マネジメント」と呼ばれる独自のマネジメント手法を世に送り出し、これまでに3冊も本を出すなど活躍しています。

週刊誌や新聞などのメディアから連絡が入ると、今や、私ではなく山北が指名されることも少なくありません。

そんな彼も、**最初は今のような強い人間ではありませんでした**。元ミュージシャンで、以前は携帯電話の販売業務に携わっていた山北は、当社に入ってから大きく自己変容させた一人です。

働く女性を応援する「ロジかわ会―ロジカルで可愛い女性をめざす会」を結成した山本なつみも、私の部下になってから活動の場を広げました。コンサルティング業務をこなしながら、１００人を超える女性の会を統率し、出版し、オンライン女性誌にコラムを執筆するほど著名になっています。

メディアへの露出は少ないですが、現場に入れば一兆円企業の部長たちを数十人も束ね、圧倒的な成果を出し続けている部下もいます。

入社当時はそうでなかった私の部下たちは、数年も経てば、より困難なこと、より負担のかかることに果敢にチャレンジするようになります。人前に立って話すことなどとてもできないと口にしていた者も、1年後には50人や１００人の前で講演するようになっていきます。

クライアント企業に高い目標を設定させ、確実に「絶対達成」させていく私の部下たちは、当然のことながら「強い人」たちです。

そんな「絶対達成コンサルタント」の集団を率いる私ですが、一方で２０１５年からは一般の企業経営者が参加できる「絶対達成社長の会」を結成し、「日本一達成意欲の高い経営者が集まる会」を全国に広める活動もしています。

会員数が600名を超えた「絶対達成社長の会」のメンバーたちも、当然のことながら「強い人」が大半。早朝7時から「達成したい高い目標を、みんなの前でプレゼンする」ことが課せられますので、ビジネスに自信のない経営者は、この会に足を踏み入れることさえ躊躇《ちゅうちょ》するでしょう。

メンバーの中には、経営者ではない会社員が入会し、1年も経たずに起業してしまった人たちや、ウォーキングすることさえ億劫だった人が「絶対達成ランニングクラブ」を結成し、フルマラソンに挑戦。フルマラソンを何度か経験すると、さらにウルトラマラソンやトライアスロンにまでチャレンジする会員もいます。

筋トレに精を出して雑誌「Tarzan」の表紙を飾った人、不動産売買で成功し、資産を3億円にまで増やした会社員……。

あるときから自己変容し、以前からは想像もできないほど「新しい自分」を手に入れた人たちが私のまわりにたくさんいて、年々その数は増えていくいっぽうです。

このように、自己変容して、新しい自分を手に入れた人たちには、共通していることがあります。

それは「強さ」です。

「変化に動じない、心の堅牢さ」です。

それを解き明かし、あなたにもその強さを手に入れていただくことが、本書のテーマであり、使命です。

変わることそのものを楽しみ、漠然とした不安に苛まれてきた自分を変え、何事にも動じない自分を手に入れられるのです。

変化を嫌う「弱い人」たち

生まれもって「強い人」は、少数派です。

口では何とでも言えますが、リスクのあることを決断し、実際に行動し、壁にぶち当たっても乗り越えようと努力し続けられる人は、そう多くはいません。

私たちコンサルタントは、クライアント企業の従業員の意識を変えることだけを目的としていません。意識のみならず、行動を変え、安定的に目標を達成させる組織に変容するまで、妥協することなく関わっていきます。

つまり、私たちコンサルタントの仕事は、現場の人たちを「強い人」、すなわち**どんな目標や新しいことへの挑戦を課せられても「動じない人」へと変えていく**ことなのです。

もちろん、それは一筋縄ではいきません。なぜなら、先述したとおり、「強い人」はそう多くいないからです。

特に大変なのが、ベテランの中間管理職です。

今までの自分たちのやり方を否定されるわけですから、おもしろいわけがありません。散々抵抗した挙句、それっぽい理由をつけて退職する社員もいます。

でも本当の理由は、変化（新しいこと）に対する不安、もしくは変化に追いつけない自分だということは明らかです。

では、変化を嫌う抵抗勢力はどれくらいの割合でいるのかというと、悲しいかな、従業員のマジョリティを占めます。

経営層にもなるとやはり危機感を持っていますし、若い世代ではまだ柔軟な発想の人もいますが、ミドルマネージャークラスに至ってはほぼ全員。

このようなことをメディアの取材や講演会などで話すと、「いやいや、そうは言っても、これだけ自己変革の重要性が叫ばれる時代なんですから」と苦笑されるのですが、私は真顔で答えます。「これが日本企業の現実なんです」と。「なんなら現場を見に来ますか?」と。

これからの時代で求められる「強さ」とは?

私たちは今、激動の時代を生きています。

産業構造の変化しかり、不安定な国際情勢しかり、ライフスタイルの変容しかり。

世の中の暗黙の常識（パラダイム）があっさり覆るのはあたりまえ。

しかも、そのパラダイムシフトは、主にテクノロジーを震源にすることを考えると、今後は社会の至るところで加速度的なペースで地殻変動が起きることは確実です。

こんな時代だからこそ、私たちは「変化に動じない強さ」を身につけることが必要

なのです。

「性格なんて今さら変えられない。自分には関係のない話だ」

そう思われている方も多いかもしれません。

しかし、人が自分の性格だと思っていることの大半は、過去の体験によってつくられた脳の思考プログラム、つまり、思考のクセのようなものにすぎません。

後天的である以上、自分の性格など心掛け次第で変えられるものなのです。

なぜそこまで言い切れるかというと、今でこそ「世界一の営業支援の会社を目指すコンサルタント集団のトップ」「日本一達成意欲の高い経営者が集まる会の代表」という肩書きはあるものの、私自身も35歳までは、本当に、恥ずかしいほどのダメな会社員でした。組織に対する価値貢献すらろくにできず、ただ臆病で無気力な「弱い人」だったのです。

仕事のミスが続くと、職場に誰もいなくなるまで残業したり、休日出勤して、パソコンの前で何時間でもぼーっとしているような、現実逃避ばかりしていました。難しい仕事を任されるとすぐに逃げ出したくなり、「無理です」「できません」と即答して、誰か他の人が手を挙げるまでじっと黙っているようなこともしばしばありました。

朝8時から夜の11時までオフィスにいても、私が処理できたタスクの量は、他の社員のそれの1割にも満たなかったでしょう。

こういった文章を読んでも共感する方は少ないとわかっていますが、書かせてください。私は心の病を患っていたわけではないですし、会社に対する反抗心を心の底に抱えていたわけでもありません。

組織に貢献したい気持ちは強く持っていたのに、体が動かないのです。頭ではわかっていても、やるべきことをやらず、ぼんやりと日々を過ごしていただけです。

30代前半なのに体調は常に悪く、胃が痛いのが治ると今度は片頭痛がひどくなり、腰痛や背中痛に悩まされ、風邪をひくとなかなか治らないような、脆弱な人間でした。忘れもしません。妻が長男を出産するとき、陣痛に苦しむ妻を横目で見ながら、私はずっと咳き込んでいました。風邪をこじらせ、3週間ほど治らないでいたのです。

初産への不安と恐怖で見悶えている妻から、「大丈夫？　休んでいいのよ」と声を掛けられたときは、表現するのが難しいほどの情けなさでいっぱいになりました。

その長男が産まれてから3カ月後に、私は日立製作所を退職。35歳のときでした。再就職先も決まらず、毎日昼間から妻と長男と3人で過ごした日々は、私にとって地獄そのもの。

仕事もしていないのに体調を悪くし、病院へ行っては薬をもらっているうちに、調剤薬局の薬剤師に顔を覚えられました。私の顔を見るたび「重い花粉症？」「今度は膝が痛い？」「両手が痺《しび》れる？」「ヘルペス？」と、苦虫を噛み潰したような表情で、問いかけられている気がしていました。

再就職先が決まらない時期に、ＪＩＣＡ駒ヶ根訓練所の近くで青年海外協力隊の同窓会があるというので、参加しました。

赴任していたグアテマラから帰国して、10年が経過しています。外務省の仕事を請け負い世界を飛び回っている者、日本社会に復帰し、バリバリと「企業戦士」として活躍している者たちばかりで、居心地が悪かったのをよく覚えています。

宴席の最中、忙しく携帯電話に出ては仕事の打ち合わせをする元同期の姿は、私には眩《まぶ》しく見えました。私の携帯電話のアドレス帳には妻の電話番号ぐらいしか入っておらず、他にかける相手もいませんでした。

そんな私が、今では15冊の本を出版し、3本のコラムを連載し、年間100回を超える講演をし、コンサルティング事業の経営者、そして前述した「絶対達成社長の会」の代表を務めています。

毎月100キロ走り、「絶対達成ジム」という筋トレ仲間と日々トレーニングの報告をし合っています。風邪をひいたことは、ここ数年ありません。

変わっていないことといったら、私と妻との関係ぐらいで、それ以外はビジネスも心身の調子も、すべて180度ターンしたと言ってもいいでしょう。

私の精神は強く、そして弾力性にも長《た》けた状態になったと言えます。自分を卑下することも、他人を恨めしいと意識することも一切なくなりました。

このように、**人は強く変わることができるもの**なのです。

それは、私だけではありません。

科学的根拠に基づいた「強い人」に変わるメソッド

ではどうやったら、「強い人」「動じない人」になれるのか？

そのテクニックを、私が普段コンサルティングの現場で使っている**ＮＬＰ（神経言語プログラミング）のメソッド**を中心に、あくまでも**ロジカル、かつ具体的な形で解説**していきます。

今、巷にはＡＩ（人工知能）に紐づいた未来予測の本が大量に出回っています。その多くは、不安や危機感を煽るだけ煽って、「じゃあ、具体的にどうすればいいのか？」という部分が煮え切らない本が散見される印象を受けます。

そうしたモヤモヤも、この本を読めばきっと解消されると自負しています。

内容の中心は、私自身はもちろん、多くのクライアントや受講生、部下たちが実践し、**長い時間をかけて自己変革をさせてきたノウハウ、技術群**です。

特に注目してほしいのは、第4章で紹介している「過去の体験を書き換えていく技術」です。

変化を嫌い、動じてしまう「弱い人」の大きな特徴の1つに、過去の呪縛がありま す。

これは、コンサルティングの現場では使わないものですが、とてもインパクトがあります。

最初は、「日頃から新しい自分を目指して少しずつ変わっていく」ことを目指し、次第に慣れていったら、「過去の自分」を変えていくのです。

他人と過去は変えられない。変えられるのは自分だけだ——。

と多くの人は言います。

しかし、**他人も過去も変えられる**のです。

「事実」は変えられなくても「認識」は変えられます。

このようにインパクトのある知識を手に入れたとき、あなたはもうすでに、「強い人」の仲間入りをしていることでしょう。

「強い人」に変わる4つのエッセンス

本書は4部構成です。

第1章では、激動の時代に入ったことで「強い人」の定義が変わったことについて詳しく説明します。

第2章では、変化に動じない自分になる初級篇として、インテリジェンスによって自分の感情的な弱さを克服する方法を紹介します。自分を変えるには、気合いも根性も必須ではなく、知識を貪欲に身につけ、かつ論理的思考力を鍛えることで十分変わっていけるチャンスがあるのです。

第3章は、中級篇の位置付けです。

自己変革ができる人や変化に動じない人になるには、長年の習慣によって凝り固まった自分の思考プログラムを意識的にアップデートしていく必要があり、そのためには自分にあった新しい刺激（インパクト）を与え続ける必要がある、という話について解説します。

キーワードは、「DO SOMETHING NEW（何か新しいことをする）」。

最後の**第4章**は上級篇で、自己変革の究極系とも言える「過去の記憶を書き換える方法」についてエクササイズ形式で解説していきます。

多くの方はおそらく3章までの内容で「変化を楽しめる自分」に近づけていると思いますが、どうしても過去の辛い思い出などが足かせとなっている方は、この4章で解説するメソッドをお試しください。

人は過去に囚われる必要などなければ、未来の重圧に押しつぶされる必要もありません。

認識を変えれば過去から解放されますし、変化に強い自分になっておけば未来は希望に満ちあふれたものになるのです。

この本をきっかけにして、楽しく幸せでエキサイティングな人生を送っていただければと思います。

自分を強くする◎目次

第1章　「強い人」の新定義

第2章 インテリジェンスで武装する

第3章 DO SOMETHING NEW

第4章 過去のしがらみを解放する

装幀◎河南祐介（FANTAGRAPH）
本文＆図版デザイン◎二神さやか
編集協力◎郷　和貴
ＤＴＰ◎株式会社キャップス

第1章

「強い人」の新定義

「激動の時代」を生き抜くために必要なこと

変動性、不確実性、複雑さ、曖昧《あいまい》さの頭文字からなる**「VUCA（ブーカ）の時代」**と言われるように、世の中は今、凄まじい勢いで変化をしています。

政治面を見れば米国でのトランプ政権の誕生や欧州における英国のＥＵ脱退など、知識層からすれば「ありえない」と思われていたことが実際に起きました。

産業構造の変化の一例を挙げれば、ＥＣがもたらす小売業界や物流業界へのインパクトや、新興国の台頭による国内製造業の衰退などがあるでしょう。

金融・経済面はフィンテックが猛威を振るい、無国籍の仮想通貨の登場やメルカリ、airbnb などにみるシェアリングエコノミーの拡大、そして日本経済のハブを担いながら圧倒的な強者であり続けたメガバンクの大規模なリストラなども起きています。

働き方も大きく変わりつつあります。副業・兼業の容認やワークライフバランス、人権意識の浸透。さらに、雇用の流動化やフリーランスへのシフトなど、かつて日本の高度経済成長を支えた終身雇用制度は終焉を迎えつつあります。

わずか10年前に登場した**スマホ**が生活面に与えた影響力も著しく、情報との接し方やコミュニケーションのあり方などが劇的に変わりました。

こうした変化は今後、**AIやロボット技術の性能向上とコモディティ化**によってもっとサイクルがはやくなり、1回の変化量も増大していくことでしょう。

同時に、日本は**超高齢化社会**と**人口減少**という難題を抱えています。人は歴史から学ぶことが常ですが、人口の3割近くが65歳以上になるような社会は、人類が一度も経験したことはありません。それに伴い、社会保障のあり方も抜本的に変わることでしょう。

私はここで**激動の時代に入った**ことを憂うつもりも賛美するつもりもありません。ましてや、未来学者のように10年後、20年後の社会を描くつもりもありません。

しかし、さまざまな領域において私たちが今まで常識だと思っていたことが覆る場面が増えていること、そして、今後も増えていくことを否定する人はまずいないでしょう。

私が唯一気になることは、先行きが不透明で変化の激しい時代をどう生きれば最も確実に幸せに近づけるのか、ということのみ。

そして、それは何度考えても、**どんな環境に置かれても動じることなく、柔軟に自己変容しながらアジャストしていく**ことだと思うのです。

個人も企業も、「強み」はすぐに陳腐化する

ビジネスの世界ではよく「強み」という言葉を使います。

「会社の強み」と言えば、他社と比べて優れた知見や技術、人材などのこと。

「個人の強み」と言えば、他者よりも秀でている才能やスキルを指すことが一般的です。

ただ、これからの時代に「強み」というものは、企業や個人の価値を絶対的に決定づけるものではなくなります。

なぜなら**「強み」は環境の変化によってすぐに陳腐化し、時にそれが足かせに転じて「弱み」となりかねない**からです。

日本の〝いい会社〟に投資する鎌倉投信の鎌田社長は、「方程式があって、解がある時代ではない」と話してくださいました。

まさにこれからは、**過去に正解だったものが正解ではなくなっていく時代**と言えます。

私の周囲には、金融機関や外資系コンサルティング会社の知人が多くいます。有名大学を出て長年大企業に勤め、独立して研修講師になる人もいます。

知識の豊富さ、論理思考力・コミュニケーション能力の高さなど、ビジネスパーソンとしての「強み」を多く持つ人たちですが、「弱み」もあるのです。

それは、挫折経験が乏しいことです。

人員整理を始めたメガバンクに嫌気がさし、独立した元銀行マン。今後は中小企業の支援をしたいと言ってコンサルタントを目指したものの、弱者の気持ちがわかりません。

業績の悪い中小企業の経営者に対し、上から目線で「あたりまえのことができていない」という態度で接すると、たとえそれが正論であっても相手には受け入れがたい。

大組織での調整能力が高くても、共感力が足りなかったり、個人的魅力で人を惹きつける力が低かったりして、結局2年も続かずにコンサルタントとしてやっていくことをあきらめ、民間企業に転職しました。

長年「数字」「データ」「統計」に向き合ってきたせいで、人間と向き合うことが苦手。「理屈」でしか物事をとらえられない税理士や会計士も、その「強み」が、「おもてなし」や「ホスピタリティ」を重んじる環境においては「弱み」になります。

「強み」は環境で変わり、「強さ」は半永久的

私はコンサルタントとして過去13年間、大企業から小規模企業まで、幅広く企業を見てきました。

その中で、外部環境の変化によって自社の「強み」の効果が薄れているにもかかわらず、**過去の成功体験や既得権益にあぐらをかいて自己改革ができず、業績を落とし**

た企業を多々見てきました。

当然、これはグローバル企業でも同じで、巨大になりすぎたあまり産業構造の変化に追いつけず淘汰《とうた》された企業の例は枚挙にいとまがありません。

ビジネスにおいて本質的に重要なのは、手段としての「強み」ではなく、状態としての「強さ」のはずです。

「強さ」というと「芯が強く、ぶれない状態」という「屈強さ」をイメージすることが多いでしょう。

しかし、繰り返しますがこれほど変化の激しい時代に「ぶれないこと」、すなわち**「変わらないこと」はリスク以外の何物でもない**のです。

それは、企業や集団に限ったことではなく、**個人レベルでも同じ**です。

社会が変われば、おのずと個人にも影響が及びます。

社会環境が変わると、求められる仕事やスキルもまた変わってきます。今まで通用した自分の強みも、通用しなくなる可能性もあります。ライフスタイルを変えたくなくても変えざるを得ない状況に陥るかもしれません。

企業も個人も、変わることに対してビビらない「強さ」が求められると言えます。

弱い人が気づいていない「変わらない」というリスク

これからの時代の生き方を、川の流れにたとえてみましょう。

川の流れが速くても、大きな石の裏や川底付近には淀みが起き、流れが緩やかになっているところがあります。釣りをされる人ならご存じでしょうが、魚は無駄な体力を使わないために、そうした淀みに定位する習性があります。

昨今メディアなどでクローズアップされるのは、主に流れの速い流心や水深の浅いところが中心です。一方で川底を見ると、何がなんでも流れに乗るまいと川石にへばりついている人や、流れに乗ることを躊躇している人たちがまだまだ大勢発見できます。企業で言えばミドル層、つまり中間管理職です。

「世間では変われ、変われと言うけど、変わらなくても結局は何とかなっているし、このままでもいい」という心境なのでしょう。

流れに逆らうつもりはないものの、流れに乗るつもりもないと。

不快を避け、自分の居心地がいいコンフォートゾーンを選ぶのは、人間としての本能ですからある程度は仕方のない話だと思います。

しかし、コンフォートゾーンに10年、20年とい続けると、新しいものに対してうがった見方をするようになってきて、なおさら変われなくなるという悪循環に陥ります。

「変わる」リスクを取るか、「変わらない」リスクを取るか

そもそも日本人は**「損失回避性」**が強い民族だと言われます。

損失回避性とは、「未来の利益」と「現状の損失」が天秤にかけられたときに、ほぼ無意識のうちに現状の損失を避けようとする思考パターンのことです。

これは、日本の製造業が「改良は得意だが、イノベーションは苦手」という話にも通じます。

イノベーションは、現状の延長線上で起きるものではなく、現状をいったん捨てる

というリスク・テイクが不可欠だからです。

例えば、小売や物流の概念を変えようとしているアマゾンなどは、会社の収益の大半をひたすら先行投資に回しながら拡大を続けてきました。ここまで大胆な戦略が取れる大企業は日本にはなかなか存在しません。

それに、日本にはイノベーション以前の問題として、離職率が低い企業が「良い会社」だと言われる不思議な現象があります。

日本は世界の先進国と比べて人材の流動性が極めて低いわりに、会社に対する忠誠心やエンゲージメントは世界的にみて極めて低い、ということがこれまでのデータではっきりと示されています。

こうしたデータからわかることは、日本人の多くは影では会社に対して不満を抱きながらも、自分では行動を起こさず会社に依存する、面従腹背の傾向が強いということです。

これもまさに損失回避性の証と言えます。

本来、就職というものは縁であって、いろいろな出会いが自分の可能性を広めていってくれます。

そもそも1社で成功した人は、単に幸運に恵まれただけで、転職はまったく悪いことではないはずです。それが逃げの転職だろうと前向きな転職だろうと関係なく、環境を変えてみること自体にも価値があります。私自身、転職を機に成長できたので、なおさらその思いが強いのです。

正しい答えがよくわからない不確実な時代に突入していくこれからは、**何かに依存することや、無自覚に現状維持の選択を取っていくことがリスクにつながりかねない時代**になっていきます。

変わるリスクを取るか、変わらないリスクを取るか。

その選択を迫られる時代になっているのです。

人生に目標なんていらない――「登山」ではなく「川下り」で考える

「変われと言われても、変わりたい姿がわからない」と言う人も多いはずです。私はそれでもなんら問題はないと思っています。

目標達成の文脈では、よく登山が概念として使われます。

ゴールとして1つの山頂を見据えて、そこに至るルートを検討し、障害をクリアしながら一歩一歩前進するというスタイル。こうした逆算思考に基づくアプローチの仕方は業務における数値達成など、短期的なチャレンジの場合は必須です。

ただ、人生や企業の長期計画のように時間軸が長いものだと、必ずしもそれがベストな方法とは言い切れません。

なぜなら**長期目標を立てても、環境の変化に伴って、「前提」そのものが変わる可能性が高い**からです。

それよりも、絶えず自分をアップデートしていく意識を強く持ち、仕事でもプライベートでも目の前のご縁を大切にしながら生きていく**「順算思考」**をしたほうが、時代がどう変化しようとたくましく生きていけるのです。

それは、次のように考えたらわかりやすいでしょう。

「山登り」は、自分のペースで登ることができます。疲れたら休んでもいい。気分が乗らなかったり、本当に登りたいのはこの山なのだろうかと迷ったりしたときは、しばらくその場で考えごともできます。

一方で「川下り」は、自分のペースでやっていたら溺れてしまいます。川の流れを意識し、常にその流れに乗らなければなりません。

どんなに気分が乗らないときでも、迷ったときでも、川は流れ続けています。こちらに合わせてくれません。

ラフティングやカヌー選手の筋肉がムキムキになるのは、日々の練習や競技によって否応なく鍛えられたからと言えるでしょう。

環境の変化が激しい**これからの時代には、その変化に富む流れを乗りこなすための「川下り」の技術が必要**なのです。

だから、人生に目標なんていらない。むしろ、流れに乗るための強さ、技術が求められるのです。

変化に合わせられる「強さ」を身につけておく

もちろん、長期目標を立てられるなら立てたほうがいいでしょう。

夢があるなら、それはすばらしいことです。

でも、必ずしもそれは必須ではないし、必要とあればその計画なり夢をスパッと捨てられる柔軟さも同時に持っていたほうがいいでしょう。

そう、変化に合わせる柔軟さ、川下りの技術、すなわち強さです。

なにより、長い人生では、時代にかかわらず、突然やってくる大きな変化を受け入れないといけない場面はたくさんあります。


会社の方針で海外の子会社に出向しないといけない。

親の介護をするために地元に戻らないといけない。

妻が大病を患って毎日定時で帰らなければいけない。

夫がリストラされて、代わりに働かないといけない。


仕事でもプライベートでも、環境の変化は次々と訪れるもので、しかもそれがダブルやトリプルで重なることもあります。「趣味を生かして起業したい」「貧しい国の子どもたちのために学校を建てたい」という大きな夢があっても、生まれてきた子どもが先天性の病気を持っていたり、大きな災害に見舞われ地域社会から復興のために必要とされたりすることもあります。

前述した「前提」が変わる、とはこういうことです。

そんなときに、自分の不運を嘆くだけではなく、**自分の境遇や新しい環境をいかに早く受け入れることができるかどうかも、やはり人の強さ**です。

そういう意味では「人生は川下り」くらいのイメージを持ったほうが、時代に合っているのかもしれません。

もちろん、全員が激流を巧みに乗りこなすラフティングのプロにならなくてもいいかもしれませんが、少なくとも「溺れない技術」くらいは身につけておくべきです。

人生は偶然の積み重ね
──「キャリアアンカー型」と「プランドハプンスタンス型」

「あなたの夢って何ですか？」
「人生をかけて成し遂げたいことは何ですか？」

「君のキャリア形成で目指すところは？」

世の中にはこうした重い問いかけをする人がたくさんいます。いかにも「登山」型の発想です。

志の高い、いい話ではあるのですが、私と交流のある経営者やコンサルタントの方などを見ても、実際に夢を持っていたからそのポジションにいるという人は、圧倒的な少数派にすぎません。

業務における目標達成は、さまざまなフレームワークを駆使しながら「狙って」行うものですが、自分の人生の目標達成は、なかなか狙ってできるものではないのです。

私自身も人生の目標などありません。

3年後の会社の事業計画ならありますが、「人生において何を目指しているんですか？」と問われると「特に何も」としか答えようがない。

「自分がやりたいことも見つけられないのか」

「人生をかけて成し遂げたい夢はないのか」

特にこうした発言をするのは、「人生がうまくいった人」に多いと感じます。

大企業でそこそこ出世をした男性が、就職活動を控えた自分の息子に対して「で、お前は何がしたいんだ？」と尋ねる。息子は困惑した表情を浮かべながら「いや……別にやりたいことなんてないけど」と素直に答えると、「そんな甘い態度じゃ社会で通用しないぞ」と真顔でダメ出しをする——。

では、その父親が学生時代に「俺は将来、○○社の総務部長になってやる！」と思っていたのかと尋ねたいところです。決してそうではないでしょう。

仕事で大きな成果を出している人のほとんどは、「なぜこの仕事をしようと決断したんですか？」と問われたら、「たまたまご縁があったから」と答えるはずです。

後付けでなんとなくの理由をつけるかもしれませんし、ご自身でもそう思い込んでいるかもしれませんが、実際はそうではないことが多いのです。

大企業で部長クラスまで出世することは立派なことです。

でも、実際には学生時代の部活の先輩に誘われて入社して、さまざまな部署を経験したのちにたまたま総務に配属され、相性が良かった上司がたまたま出世して上に引っ張ってくれた、といった**偶発的な出来事の積み重ねが人生の起承転結をつくってい**

くものなのです。

専門用語では**「キャリアアンカー論」**と**「プランドハプンスタンス論」**と言います。

確固とした自分のキャリアゴールを見据えたうえで自己研鑽を繰り返し、自らの意志で働く環境を選択するのが「キャリアアンカー型」。

偶然によって身を置いた場所で努力し、仕事をしていく中で自分のキャリアが肯定的に発展していくというスタイルをとるのが「プランドハプンスタンス型」。

10年程度ならともかく、社会に出て20年、30年もの過去のキャリアパスを詳細に分析すれば、結果的に**大半の人が「プランドハプンスタンス型」**になるのです。

「自ら未来を固定化する」というリスク

かつての私も「夢を持たない限り幸せな人生は送れない」と信じ込んでいた時期がありました。

でも今では、こうした夢至上主義の風潮に少なからず時代錯誤な印象を受けます。

例えば、コーチングの世界ではよく問答方式で人生の年表のようなものをつくらされます。

「40歳で年収はいくらもらっていますか？」「50歳ではどんなチームに所属し、どんなプロジェクトを任されていますか？」「どんな仕事に就き、どんな家に住んでいて、どんな友人と休日を過ごしていますか？」といったように、ひたすら未来の質問を投げかけられます。

生命保険のためのライフプランをつくるくらいの話ならまだいいのですが、もはやその問い自体の価値が下がっていると思います。

時代の変化スピードは、世の中の多くのコーチが考えている以上に速く、誰も予測できない、不確実性の高い時代になっているからです。

不確実性が高い時代なのに、自ら未来を固定化することは、リスクでしかありません。

「夢や目標なんていらない」

そう考え方を改めるだけでも、人によっては心の重荷が減って、すんなり流れに乗れる人もいるはずです。

さらには、フットワークが軽くなった結果、どんどん新しい世界を知っていくことによって、その過程でやりたいことが明確に見つかる人もいるかもしれません。

常に変わり続けること——川下りに必要な要素①

では、激流に巻き込まれても溺れない強い人になるために、私たちは何を意識し、どう準備すべきなのでしょうか。

1つは、現状維持に対して疑ってかかり、少しずつでいいので、自分自身が変わり続けることです。

環境を変えるのが最も効果がありますが、それが非現実的であれば、行動を変えてみる。それだけでも、人は新しい自分に変化していくことができます。

それに、変化自体が自分の成長につながるだけではなく、**日頃から変化に慣れておく**ことで、いざ外部環境が変わったときに、ストレスが少なく対応することができます。

「変化に対するストレス耐性」のことを本書では**「変化耐性」**と呼びますが、そもそもこれが弱いと、変化をできるだけ避けて現状に定位しようとするので、実はものすごく重要な能力です。

これからの時代に必須の能力「変化耐性」を鍛える

会社の改革プランに反対して、「変わらない」リスクを選択したとしましょう。問題はそれがうまくいかなかった場合、果たしてすぐに次のアクションが取れるのかどうかです。実際にはこれがなかなか難しい。

放っておくと、易きに流れようとする人間は、意識して変化耐性を鍛え続けないと耐性が落ち、いざというときに本領が発揮できないのです。

現場を見ていていつも感じるのですが、川底にへばりついて変化を拒み続ける人の１つの特徴として、変化に対するストレスを甘く見がちです。

「変化すべきときがきたら変化するから大丈夫。でもそれは今じゃない」と思っている人が、実際に変化を求められる場面になると、だいたいパニックに陥ります。

例えば、社長の命令で組織改革を託されても、何をどうしたらいいのかわからず、右往左往するだけの管理職があとを絶ちません。

経営層と当社の共同で計画を立てても、現場を取りしきる部長や課長クラスが思考停止状態になって、プロジェクトが動かないことも多々あります。

普段から意識して体に負荷をかけないと筋力が衰えるのと同じで、**長年、変化の少ない場所に居続けていると人は変われない体質になります。**

私たちが現場でコンサルティングを始めると、仕事の取り組み方のあまりの変化に40代、50代の人が辞めていくことも珍しくありませんが、「頑張って変わろうとしたけど精神的に参ってしまった」と訴える人も多いのです。

人が劇的に変われるかどうかは、結果論です。

変わった結果、良い流れに乗れるかどうかも、結果論です。

ただ、だからと言って現状に甘んじることが正当化されるわけでもありません。

少しでもいいのです。新しい自分を追い続けるという姿勢を持つことが重要です。

自分なりのオールを持つ
――川下りに必要な要素②

流れに乗っていくことが重要である一方で、「何も考えずに流される生き方」というのも考えものです。

そこで必要になるのが、流れを乗りこなすためのオールです。

ラフティングが上手な人が普通の人と何が違うかというと、「流れに乗る力」と「オールさばき」です。オールを絶妙なタイミングで使うことで初めて流れを味方につけることができます。

では、人生におけるオールとは何かというと、**「自分の感情をコントロールする力(自律力)」**であり、**「物事をロジカルに考える力」**だと私は解釈しています。これらの力のつけ方は、のちほど詳しく解説します。

ひたすら流されていく人生は、楽ではあるでしょう。でも、それだといつ転覆して溺れてしまうかわかりません。

事足りる時代は、価値観も変える

ここでまた、山登りのイメージに戻りましょう。

高度経済成長やバブルを経験した世代は、上げ潮の時代を生きたので、「将来はでっかいマイホームを持とう」といった、非常に物質的で目に見えやすい夢が（巧みな広告戦略の影響もあって）湧いてくることはあったと思います。

でも、今や日本は成熟国家となり、経済も低空飛行。〝イケイケどんどん〟の風潮は薄れ、明確な夢や目標を持つ人のほうが少数派になってきています。

ビジネスにおけるリソースは「ヒト・モノ・カネ」と言われますので、人間が生活するうえで必要なリソースも同様に「ヒト・モノ・カネ」の切り口で考えるとわかりやすいかもしれません。

「ヒト」については、ＳＮＳの普及によって人とのつながりに困ることは相対的に減ってきたと言えます。

「モノ」に関しては、顕著な変化が見られます。

マイホームは、空き家率が全国で急増している今、都市部を除けば車を貰うくらいのノリで、また、場合によっては地方自治体から無償で手に入ります。

かつて若者の憧れだった車も、今や「車余り」が顕著になってきました。それにメルカリのようなフリマアプリの台頭で、必要な商品を必要な分だけ、リーズナブルに手に入れることができる世の中になりました。

シェアリングエコノミーは、実体経済を正しく把握しづらくしています。「モノ」を所有することと、豊かさの指標が比例関係でなくなっていくからです。

「カネ」についても、若い世代の就労意欲を調査すれば、「プライベートを犠牲にしてまでお金儲けはしたくない」という考え方が一般的になってきています。シェアリングエコノミーによる「共有型社会」がさらに市民権を得れば、「カネ」に対する価値観は大きく変わることでしょう。

つまり、現代は「事足りる」時代になったということです。

抽象化されていく目標

人の活力の原動力は、「飢え」や「渇き」です。

足りないものがあると、不足分を埋めようとして、人は能動的に活動をする。こうした脳のメカニズムをNLPでは**「空白の原則」**と呼びます。

ヒト・モノ・カネなどの欲求がそこそこ満たされる状態になると、脳としては別の形で活力の原動力を求めます。

「モノからコト」へのシフトや、「生きがいや働きがい」といった、より抽象度の高いものを追い求める風潮が強まっているのは、この「空白の原則」が作用しているからです。

先日、ある若いトップ営業に「何か大きな目標でも立てているの？」と聞いてみたら、「いや別に。毎日の仕事が楽しいからやっているだけです」と飄々とした態度で返されました。

中年以上の世代からすれば理解しづらいかもしれませんが、本人からすれば「金儲けにも出世にも興味はない。でも、仕事で得られる充実感は大事にしたい」と思っている。

それは彼にとっては嘘偽りのない気持ちで、おそらく「今を楽しく生き続ける」ということが、本人にとっての人生の目標なのです。

明確な夢や目標を持つことは悪いことではありません。ゴールを見据えて、そこに自分のエネルギーと時間を投入するわけですから、なんとなく取り組んでいる人と比べれば、早く結果が出せるかもしれません。

でも、そうかといって**「夢や目標がないから幸せになれない」というロジックはどこにもない**ということは強調しておきたいと思います。

「現状を変える」ことも立派な目的

空白の原則がもたらす、もう1つ特徴的な現象があります。

わかりやすい不足分がないと活力が湧き上がってきませんから、「何かよくわからないけど、人生に張り合いを感じられない」「今の自分を変えないといけない」という気持ちが潜在意識の中で湧き出ることがあるのです。

「生活は困っていないけど、何か納得できない」と言う人はたくさんいます。

それは、若い世代の話だけではありません。むしろ歳を取ることで見えてくることもあるのです。40歳前後でくすぶっている人とか、「人生100年時代だよ」と言われて定年間近で「このままでいいのかな」と感じる人などです。

しかし、理性的な判断を下す顕在意識では、具体的にどう変わればいいのか判断がつかないので、**「変わりたいけど、変われない」というモヤモヤ**が続く現象が起きます。

これこそが、現状に対する漠然とした不満の正体です。

自分の置かれた現状を必要以上に否定することを悪いことだと断言する人もいますが、私はそうは思いません。

「新しい自分になりたい」という思いは、「変化に動じない自分」になるための大切な芽です。

あとは、その芽をいかに育んでいくかが重要です。

「はじめに」でも述べましたが、かつて人生のどん底を味わっていた私も、振り返ってみれば極端に能力が劣るわけでもないし、人当たりも悪いわけでもなく、行動力もないわけではありませんでした。

でも、仕事ではミスばかりで、焦りが募る一方。本当にきつい思いをしました。

それを打開できたのも、とにかく今の自分ではない「何か新しい自分」を、がむしゃらに追い求めたからです。

本当はいいものを持っているのに、うまく発揮できない。そうかといって目標もない。

そんな人たちは、現状を変えようとする意識をもっと強く持つことで、人生が急展開する確率が段違いに上昇するはずです。

「鈍感力」は参考にならない

さて、世の中にはリスクのあることに挑戦するときでも、動じることなく行動を起こせる人がいます。

もしそれが失敗しても、まったく気にせず次のことを考えられる人がいます。もしくは、周囲から何を言われても、自分の信じる道を貫ける人がいます。

例えばセールスなら、お客様から価格交渉をされてもまったく引き下がらない人や、逆に「要らない」と言われると、よけいに燃えて何度も通い詰める人。「二度と来るな！」と怒られたのに、「これで他のクライアントに時間がさける」とポジティブに解釈できるような人たちです。

起業家は、わかりやすい例でしょう。

彼らは市場をゼロからつくっていくわけですから、リスクは当然高いですし、そんなチャレンジに挑む彼らの家族や知人は、「やめておけ」「絶対にうまくいかない」「会社員でもやれることはあるだろう」と純粋に彼らのことを心配して、結果的に抵抗勢力になる。

そうした状況に動じないで、資金が底をつくまでに事業を創り上げて軌道に乗せないといけないわけですから、なかなか真似のできるものではありません。

「動じない」というのは、状態を表しているので、同僚たちから見ると「あの人、メンタル強いな」「覚悟が決まっているな」と憧れを抱くかもしれません。

しかし、ここで「動じない状態」につながる要因を分解してみると、実は「強い」ケースと「鈍い」ケースがあります。

「強い」ケースは後天的に鍛えられますが、「鈍い」ケースは先天的。

つまり、鈍感力は、簡単に真似のできるものではありません。


営業コンサルティングの現場でしばしば直面する課題でもあります。

多くの経営者は自社のトップ営業を引き合いに出して「全員があの社員くらいのレベルになることが理想だ」と言います。

しかし、そのトップ営業の仕事ぶりをよく観察してみると、単に人より鈍いために行動量が多く、結果的に契約を取っているケースがよくあります。

例えば、中小企業の営業だと大企業を攻めることに萎縮する人が多いのですが、それをあっさり開拓してきたりする。秘訣を聞くと「普通に電話をして買ってくださいって言ったら買ってくれただけですけど」と飄々と答える。

やはりこういう人がトップになりやすく、その後も圧倒的な結果を出していくので、早々にマネージャーに抜擢されたりするわけですが、そうするとたちまちうまくいかなくなるケースがあります。

なぜなら鈍感な人ほど、できない部下の気持ちがわからないからです。

相談を受けても、「えっ、ただやるだけじゃん。逆にできない理由がわからない」という感じになって、部下とラポール（信頼関係）を構築できないのです。

「あの人みたいに動じない人になりたい」と思える人が身近にいたら、その人が後天的に動じにくくなったタイプなのか、それとも先天的に動じにくいタイプだったのかを見分ける必要があります。

もちろん、そこで**参考にすべきは、後天的に動じなくなろうとして、鍛えた人**です。

「鈍感だから強い人」と自分を比較してしまうと、無駄に自信をなくしかねないのです。

私たちの思考は「インパクト×回数」で変わる

「変化を恐れず、率先して自分を変えよう」と言われても、自分の性格は変えられないと思う人がほとんどでしょう。

ではここで、「自分」の正体について少し考えてみましょう。

私が普段コンサルティングするときの論拠として使うNLP（Neuro-Linguistic Programming）においては、「自分が変わる」とは「感覚が変わる」ことを意味します。

その考え方のベースとなるのが、**「人の脳は刺激─反応モデルである」**という捉え方です。

すなわち、人は何らかの刺激を受けると、体が勝手に反応するようにできていて、そこでどう反応するかを決めているのが「思考プログラム」であるということです。

そして、その**思考プログラムは過去の体験によって受けた刺激の「インパクト×回数」でできあがっています。**

例えば、エクセルのマクロ関数にある値を入力したら、関数に書かれている計算式にしたがって答えを出力するのと同じように、人間の脳も、ある刺激（入力）を受けたら、潜在意識が勝手に反応（出力）を返すようにできているのです。

例えば、梅干しをイメージしてみます。親指の大きさぐらいの鈍い赤色の梅干しです。観察してみると、表面が少し濡れています。それを口の中に入れました。3回ぐらい噛んだら、おそらく歯に種があたるでしょう。もしかしたら、「ゴリ、ゴリ」と音がするかもしれません。

さて、文章を読みながら唾《つば》が出てきていませんか？

酸っぱいものが苦手な人は、全身に鳥肌がたったかもしれません。

それがまさに、自分の思考プログラムが勝手に示した「反応」です。

自分の「弱さ」の正体

ただ、こうした反応を示すのは、過去に酸っぱい梅干しを何度も食べたことがある日本人だけです。

私は青年海外協力隊の一人として、かつて中米のグアテマラで暮らしたことがあります。当然ですが、現地の人たちに「梅干しを食べたと想像してみてください」と言っても、何の反応もしません。

それは、梅干しを食べたことがない故に、記憶の引き出しに梅干しが存在せず、反応をしようにも思考プログラムが存在しないからです。

よって、意志が弱いとか、やたらと失敗を恐れるとか、すぐにラクなほうへ流されるといった**自分の弱さ（自分にとって好ましくない反応）も、過去の偶発的な体験によってできあがった思考プログラムが原因**なのです。

それは、対人関係でも同じです。

例えば、AさんはBさんという男性を見ても何も反応しません。しかし、Bさんの部下で、日頃からBさんからパワハラを受けているCさんからすれば、Bさんという名前を聞いただけでも気分が重くなる。

「どの刺激を受けたら、どんな反応を示し、どんな感覚を味わうのか」は、その人の過去に大きく左右されます。

頭でわかっていてもカラダが動かないといった人間が内包する自己矛盾は、思考プログラムが強く影響をしています。

変化に対して過剰に不安になったり、現状維持にこだわったりするのも、そうです。すべて思考プログラムが原因です。

「変化耐性」を高める3つのステップ

変化に動じない自分になるためには、大きく3つのステップを踏む必要があります。

ここで順番に見ていきましょう。

①自分のオールを持つ

もちろん、人間には理性という顕在意識があるので、潜在意識の思考プログラムが示す反応を封じ込めることもできます。

というより、本能を理性である程度カバーできるのが、人間を人間たらしめる理由です。

それが、オールを持つということ。

新しい知識を得たり、**論理的思考力**を鍛えたり、**視野を広げたりする**ことで、弱い自分を補完することができるのです。

場合によっては、ある知識を得たことが大きなインパクトとなって、思考プログラム自体が書き換わることもあります（具体的な話は、第2章の冒頭で触れます）。よって本書では「変化耐性」を高める第1ステップとして、第2章で「理性」という名のオールの持ち方について解説します。

②日々の体験を変えて、思考プログラムを書き換える

ただ、潜在意識の影響力はとても大きいので、すべて理性でカバーできるわけではありませんし、そもそも人生をすべて理性的に生きるのも窮屈です。

よって、理性でカバーできない領域については、思考プログラム自体を書き換える必要があります。

それは、日々の体験を変えて、できあがっている思考プログラムを少しずつ書き換えていくこと。これが第2ステップです。

柔軟体操をせずにいきなり激しい運動をしたら怪我をしやすいのと同じで、変化耐

性を高めるには、「変化に慣れた自分」になっておく下準備が必要です。

そのためには、**新しい環境に身を置いたり、毎日の何気ない行動を少しだけ変えてみる。**

そうやって新しい刺激を脳に与え続けることで、硬直化しがちな自分の思考プログラムを柔軟にしておくことができます。

それはどんなことでもかまいません。

目的は変化をすることなので、**少し葛藤を覚えるような「何か新しいこと」に挑戦してみる**くらいでいいのです。

すると少しずつ現状維持バイアスが外れ、変化耐性もついてきます。

水深の深いところから、水深の浅いところへと徐々に顔を出す練習をしているイメージです。

もしその流れが気に入ったら、思いっきり流されていけばいいのです。

とはいえ、自分にとって新しい刺激となるものなど、星の数ほどありますから、それを**選ぶときに意識していただきたいのが「インパクトの強さ」**です。

自分の価値観や感覚というものが「インパクト×回数」でできている以上、回数をこなしながら変えていってもいいわけですが、長年かかってできあがった思考プログラムを効率良く変えたいなら、インパクトの強い刺激を与えたほうが早いはず。

脳の優位感覚という話などを交えながら、第3章で詳しく解説します。

③過去の認識を書き換える

さて、以上のことをやってもどうしても変われないなら、最終手段として「思考プログラムを強制的に変える」という外科手術をしないといけません。

これがステップ3です。

「そんなことできるの？」といぶかしむ気持ちもわかりますが、人間の思考が潜在意識によって大きく左右されている以上、過去の体験そのものは変えられませんが、認識を変えることはできるのです。

では次章から、いよいよ具体的な話に移っていきます。

第2章

インテリジェンスで武装する

「父親」の呪い

過去の強烈な体験がまるで「呪い」のようにまとわりついて、それが自分の思考に大きな影響を及ぼすことはよくあります。

私の場合、自分の親の存在がそれに当たります。

「知識がいかに人の考え方を変えるか」という話をするために、ここでは少し私の身の上話をさせてください。

たいへん恥ずかしい話ですが、私の父は典型的な大酒飲みで、ギャンブル好きでした。唯一の救いは真面目に仕事に行っていたことくらいですが、その稼ぎも結局はギャンブルと酒代で消えるので、経済的に非常に厳しい環境で育ちました。

父は毎晩のように飲み歩くので、私が小さい頃はよく居酒屋や屋台まで父親を迎えに行かされました。

「お宅のご主人が道路の真ん中で血だらけで倒れている」と警察から電話がかかって

くることもありました。

このようなとき、母親が一人で迎えに行くと父はいつも激昂したので、仕方なく私と姉の3人で行くのです。時には私一人で迎えに行くこともあって、それがとにかく嫌でした。なぜなら、父親を連れて帰れなかったら、今度は母親に怒られるからです。

週末になると、父親は朝から飲んだくれて、ギャンブル代を捻出するために家の引き出しを片っ端から開けて小銭を探す。それを見て、母が取り乱して家を出て行くというのがお決まりの光景。

さすがに私もそんな家にいたくないので、友人と遊べないときは、家の近くで一人石ころを蹴って、1日を過ごすこともありました。

幼少時代からずっとこのような日々を過ごしてきたので、私が結婚して子どもができたあとも、父に対する負の感情は、ほとんど変わりませんでした。

でも、30代半ばでたまたま受講したNLPのセミナーをきっかけに、一生揺るがないと思っていた過去の呪いが急激に変化していったのです。

過去の呪いを解いてくれた「知識」との出会い

そもそもNLPを受講した目的は、コミュニケーション技術を習うためだったのです。

システムエンジニアを辞めて営業のコンサルタントに転身し、結果が出ずにもがいていた時期です。これはさすがにコミュニケーション技術をイチから理論的に学ばなくてはいけないと思ってネットで検索したら「NLPこそ最強のコミュニケーション術」と書いてあったので、中身をあまり知らずに受講を決めたのです。

決して安い受講料ではありませんでした。「自分の仕事のためになるから」と、1年以上かけて妻を説得しました。

すると、最初の30分で、私は「元が取れた」と思うほどに衝撃を受けたのでした。

その最初の30分の話が「人間の思考プログラムは、過去の体験のインパクトの強さとその回数でできている」という話だったのです。

もう少し詳しく言うと、「意識」には**「顕在意識」**と**「潜在意識」**というものがあり、**潜在意識、いわゆる無意識のパワーは顕在意識の2万倍ある。**そして、それは思考プログラム（脳の神経細胞同士のつながり方）としてできあがってしまっていて、人間はそのプログラムによって操られているという話でした。

コミュニケーションを勉強しに来た私からすると、一瞬「え？」と思いましたが、そんなことより驚いたのは、その話の内容でした。

講師の先生は人間の思考のメカニズムについて淡々と研究結果を解説されていただけですが、私の中ではまるで自分の親について優しく語ってくれたような気がしたのです。

それまでの私は、「何でこんなにしょうもない父親を持ったんだ」とか、「世間の親はもっと立派で、どうしてお母さんや子どもをもっと大事にしないんだ」といったように、あくまでも迷惑を被った自分目線で父親という存在を見てきました。

しかし、偶発的な出来事によるインパクトの強さとその回数で人の思考プログラムができあがるのであれば、きっと父には父なりにいろいろな出来事があったのだろう。結果として酒に溺れ、ギャンブル漬けになったのだと、初めて少し俯瞰《ふかん》した目線で父を捉えることができたのです。

東北の田舎で育ち、流れ流れて東京に来て、さらに流されて名古屋に来た父。私たち子どもには語っていない、いろいろな体験をしてきたはずです。

もしかしたら、ものすごい辛い経験もしているかもしれない……。

そんなことを生まれて初めて想像してみたら、いろいろな感情が織り混ざった涙があふれ出して、場所もかまわず号泣してしまいました。


ちなみに、父はいまだに酒飲みです。その事実は相変わらず変わっていません。

しかし、あのとき以来、私は父に対して少し心を開けるようになりましたし、自分の視点だけで一方的に他人を評価することを躊躇するようになりました。


「俺、人前でセミナーすることになったよ」

「お前が？　誰がお前の話なんか聞きに来るんだ」

「本を出すことになったよ」

「え、どんな本だ？　お前が本なんて書けるのか？」

「オヤジ、俺、社長になったよ」

「お前が社長って……。そうか、そうなのか。すごいな。俺の子どもが社長か……」

まさに「インパクト×回数」です。

最初のうちは、相変わらず私をバカにした態度をとっていた父親も、本を出すたびに持っていくと、

「お前、本当にすごいんだな」

と言ってくれるようになりました。

「たいした奴だ。親がこんな人間なのに、お前はたいした奴だ」

と。

私の思考プログラムが変わったからこそ、父親の思考プログラムもまた、何年もかけて変わっていったのだと信じています。

これは、自分としては劇的な出来事です。

きっかけとなったのは、たまたま参加したセミナーで、たまたま得られた「知識」だったということ。

このように、人が変わるきっかけは突然やってきます。

そして、**正しい「知識」は、人を強くする、人を変えるエネルギーを持っているの**です。

理屈を知ることの重要性

これはあとで気がついたことですが、私がそのときに参加したセミナーは、エクササイズ主体のものが多いＮＬＰの中では珍しく、ロジックの解説を中心としたセミナーでした。

当時の私はコンサルタントの駆け出しでしたし、それ以前はバリバリの技術職でしたから、どちらかというと理屈好き。だからこそ私にフィットしたと思うのですが、私と同じようなタイプの読者の方も多いと思います。

例えば、スポーツなどでレッスンを受けるときに、感覚重視のコーチと理屈重視のコーチがいたら、どちらのタイプが好きかは人によって違うと思います。

私の場合は、「こうしなさい」と言われたときに「なぜか？」がセットになってないと腑に落ちず、本気になれない性格なので、圧倒的に後者のコーチのほうがいい。
読者の方の中にも「自分を変えよう」と思って、いろんなことをやってみて、なかなか成果が出ない方がいるかもしれませんが、その原因の1つに「理屈がわからないから」というケースがあると思います。

このあとの第3章では、変化耐性を鍛えつつ、自分が変わっていくきっかけをつかみやすくするために、「普段あまりやらないような体験を率先してやっていきましょう」という提言をします。

しかし、私が理屈を解説せずにアドバイスだけを書いたところで、いったいどれだけの人が行動に移すでしょう？

ほぼ皆無だと思います。

でも、

「人の思考プログラムは、インパクトと回数で決まる。だからこそ、新しい体験を通して、新しいインパクトを与え続けることが重要だ」

と**理屈で言われると、急に説得力が湧いてくる**はずです。

しかも、「そのインパクトの度合いは、人の『優位感覚』によっても左右される」とまで解説されたら、どうでしょうか。

なぜ他人の経験談が参考にならないのか、腑に落ちると思います。

自分の特性を知ったうえで新しい体験を選択しないと、効果的ではないとわかるからです。

以前の私は、父が何をやるにしても頭にきていました。

「子どもが生まれたんだから、しっかりしろよ」と優しい言葉をかけられても、「うるさいよ。お前にだけは言われたくない」と感情的になりました。結局それも私の思考プログラムがそうできあがっていたからです。

親に対して「お前」という言い方はないだろうと理屈ではわかっていても、思考プログラムは脳の反射ですから、理屈で制御することができません。

ところが、NLPと出会って知識を得て、その後もいろんなセミナーなどに参加して自分の思考プログラムが書き換わったときに、何を言われても、ある程度自分をコントロールできるようになったのです。

反応自体が変わった側面もあれば、ある程度ロジックで感情を封じ込めている側面もあります。

「変わりたいのに、動けない人」の思考プログラムの共通点

以前、漠然と「何かを変えたい」「もっとできる人になりたい」と公言している人がいました。

オンラインサロン（月額会員制のオンラインコミュニティ）に興味を持っていて、ある実業家の会員制コミュニティに入ろうか迷っている人でしたから、それなら入会したらどうですかと私は勧めました。

しかし、「金額が高い」「オンラインサロンがそもそもよくわからない」と言います。

それなら、その実業家を紹介しようと私が提案しました。SNSで友だちになっていたし、ある出版社に共通の知人がいたので、その方を経由して紹介できると確約をもらっていたからです。

すると、「とんでもない！　ご本人に会っても何を話したらいいかわからない」と言うので、「SNSで友だちになればいい」「無料のセミナーがある」などと勧めました。ところが、一向に行動しません。

「そもそも、その人に会いたいと思ってるんじゃないから」

なるほど。言うことはわかります。願望は「何かを変えたい」「仕事ができるようになりたい」でしたから。

相手に「共感」を欲しているのか、それとも「解決」を求めているのか、一度尋ねてみたことがあります。

相手に共感をしてもらいたいだけなら、

「そうそう、変わりたいよね。自分もそろそろ何かを始めたいと思ってるんだ」

と、【変わりたいけれども現状維持している私】を演じてあげたほうが、相手とペースを合わせられると思ったからです。

しかし、

「横山さん、もちろん私は変わりたいんです」

と力強く言うので、「それなら」と思い、「これをやってみたら？」「この講座に参加しては？」と、私は会うたびに投げかけてみました。

しかし、願望は口にするのですが、いざ具体的な行動となると、いろいろな理由をつけて、その方は断ってきます。

「会うたびに何かを勧めてみた」と書きましたが、1年に1回や2回しか会わない方でしたから、執拗に私が提案したわけではありません。

そんなやりとりが3年ぐらい続いて、しばらくすると返事もこなくなりました。

そして、

「以前は変わろうと思っていたんだけど、最近すごく仕事が忙しいし、家庭でもいろいろあるから、今は目の前のことに集中したい」

と、残念な連絡が入りました。

仕事や家庭の事情があり、「変わること」そのものをいったん棚上げしたのなら理解できますが、私以外の他の方には相変わらず「変わりたいけど、どうしたらいいのか」と相談しているようですから、本質は変わっていないのだと思います。

私は以前、いろいろな自己啓発セミナーに顔を出していたので、夢や願望を口にし、勉強はするものの、具体的なアクションを起こさない人をたくさん見てきました。

その方々の思考パターンはよく似ています。

意欲はあるのだけれども、具体的なアクションにつながる提案をされると、巧みにかわす。

そして、それを断る論理的理由が見つからなくなると、変化することそのものを拒絶しようとします。

かつての私もそうでした。だからわかります。

口では「変わりたい」「できる人と呼ばれたい」と言いながら、硬直した思考プログラムのせいで、金縛りにあったかのように前へ進めません。

これは後付けの理由で、**「作話（さくわ）」**と呼びます。

自分の弱さの理由探しより もっと大事なこと

人間は、過去の言動を一貫して正当化したくなるという習性を持っています。
これを**「一貫性の法則」**と呼びます。

まず体が反応して意味を探す。現に起きてしまった行動や状態を、自分に納得のいく形でうまく理由づけて説明してしまう。

これが意味の偽造――「作話」というものです。

変化耐性が低いと、このようなことになります。

意欲の高いビジネスパーソンが集まるコミュニティに通い続けたら、たしかに自分は影響を受けて変わることができるだろう。

しかし、**潜在意識のレベルでは「変わりたくない」と認識**しています。

だからこそ「行きたくない」「参加したくない」と体がネガティブに反応します。どんなに無料であっても、職場の近くに会場があっても、ネットで申し込むだけでも拒絶し続けるのです。

頭では理解しているけれども、体が受け付けないのです。

そのことをまず理解し、そんな自分を承認するところからスタートすればいいのです。

なぜ自分は変われないのだろうか、なぜ新しいことに挑戦できないのかと悩む人がいますが、その理由をどれほど探しても、見つかることはありません。

正しい理由があり、その論理的理由で意思決定しているわけではないからです。

期待どおりにならないことがあると、いちいち何らかの理由があるのではないかと勘ぐるのはやめます。

シンプルに、**「脳の思考プログラムに抗うことができないのだ」と認める**ことです。まず自分の弱さを素直に認めることです。

私が企業研修をする際、グループワークなどを「強制的に」やらせることが多いのは、自主性に任せると、やる人とやらない人が出てくるから。その人個人ではなく、その人の思考プログラムに判断をゆだねることは危険なのです。

体の反応を理性で制御できて初めて、精神は強く鍛えられていきます。

理屈ではありません。体が反応している現象に意識を向け、その反応それ自体が、「あなた」自身だと受け止めましょう。

もし変わりたいのに変われない。もしくは、きっかけを待っているのにきっかけがやってこないと悩んでいる方は、**作話する習慣を思い切って捨てて、まずは自分の弱**

さを事実として受け入れましょう。

それこそが、自分が変わる最初の「きっかけ」になります。

幸せとは、感覚にすぎない

幸せについても、少し考察をしておきます。

コンサルタントの思考習慣の1つに**「手段」**と**「目的」**を分けて考えるというものがあります。

第1章で「明確な目標を持っている人」と「目標はないが、何か変わっていきたいと感じている人」がいるという話をしました。キャリアアンカー論とプランドハプンスタンス論のスタイルの違いについてです。

スタイルは違っても、私は両者の本質的な目的は同じだと思っています。

その目的とは、幸せになることです。

マイホームを夢見るのも、プロ野球選手を目標にするのも、起業して社会を良くしようと頑張るのも、すべて自分や周囲の人を幸せにするための「手段」です。「目的」

ではありません。それを達成した暁には、至上の幸せを味わえるはずだと信じて、人は頑張ります。

その一方で、明確な目標は持っていないけれど何かを変えたいと思っている人も、同じように「幸せ」になりたいと思っているはずです。

ただその手段が言語化できていないので、あたかも自分の人生には目的がないのではと信じ込んでしまうわけです。

では、**「幸せとは何か」というと絶対的な「何か」が存在するわけではなく、あくまでも感覚**です。

脳は「刺激―反応モデル」ですから、何らかの刺激を受けて、どのような反応をし、どのように感じるかは、**個人個人の思考プログラムによって変わる**のです。

幸せは、客観データで分析できない

このように、感覚とは、過去の体験でつくられた思考プログラムによって導き出されるわけですから、人によって幸せの定義がバラバラなのは、ロジカルに理解できます。

私の知り合いの中には、一代で１０００人を超える会社にまで育て、社会的な名声もお金も十分手に入れた方がいます。他人から見ると「それだけ成功していたら絶対に幸せのはずだ」と思うかもしれませんが、本人に聞く限りでは、そうでもなさそうです。

組織には「適正規模」という物差しがあります。この会社は近年、急激に社員を増やしたため、組織が脆弱で、社員からの会社に対する不満が一向になくなりません。ステークホルダーである株主からの、業績に対する強いプレッシャーを常に感じ、気が休まるときがないようです。

そういうプレッシャーを楽しめる経営者もいれば、押しつぶされそうになって眠れない夜を過ごす経営者もいます。

幸せというのは、客観的なデータで分析できるような代物ではありません。

本人にしかわからない「感覚」でしかないのです。

これは、常に意識してもらいたい重要な知識です。

お金を手に入れたが、家庭が崩壊して、仕事ばかりしてきた半生を悔やんでいる人もいれば、貧しくても全員が健康で、笑顔の絶えない家庭を築いて穏やかに暮らす人もいます。

自分が置かれた状況をどう感じているかは、本人にしかわからないものです。

社会的名声を手に入れた有名人と比較しないことは大事です。ムダな嫉妬心や自己嫌悪に陥りやすいからです。

マスコミに引っ張りだこの経営者がいたとして、その姿を見て羨望し、「同じ世代なのにスゴイ。それに比べて自分は……」と落ち込んでも意味がありません。

幸せを自己分析するときのコツ

幸せを自己分析するときは、**過去の自分と比較するのが理想**です。

自分の置かれている環境を必要以上に憂う傾向の強い人は、ぜひ「自分の過去と比べて状況がどのように変化しているか」を客観的な視点でたどってみましょう。

きっと成長の実感を味わうことができると思います。今はできていないことでも将来はできるかもしれないという自信が湧いてきます。

例えば、私は今49歳ですが、子どもの頃の家庭環境や、恥ずかしいほど仕事ができなかった過去の記憶があるので、それと比較すると、今はまるで薔薇色の人生を送っているかのようです。


私は日経ビジネスオンラインやヤフーニュース、ニューズウィークでコラムを連載しています。たまに過激なコメントを書かれることもあって、部下や友人がやたらと心配してくれることもあります。

「あんなことコメントに書かれて大丈夫ですか？　横山さんのメンタルが心配です」

「横山さんが書かれていることは正論です。落ち込んでいるでしょうが、あのような誹謗中傷《ひぼうちゅうしょう》に負けないでください」

このように応援メッセージをいただくことも、たくさんあります。

この感覚はあまり理解されないようなので、はっきりと書いておきますが、私のコラムに辛辣《しんらつ》なコメントを書かれても、今ではまったく気にすることはありません。

実は日経ビジネスオンラインで「脱会議」というコラムを連載し始めた当時、多くの批判コメントを寄せられました。

「何が脱会議だ！　会議が必要なときもある。このコンサルタントはわかってない！」

「会議で演説して何が悪い！　会議で意見を出さない奴のほうがよっぽど悪だ。こんなコラムは中止しろ」

このようなコメントを読んでいるうちに、とんでもないコラムを書いてしまったのではないか、日経ビジネスの編集部にもクレームがたくさん寄せられているに違いない、そう思った私はすぐに編集長に連絡を入れました。

そこで言われたことは、今でも決して忘れることができない重要な知識となって、コラムニストとしての私を育ててくれました。

「横山さん、たくさんのコメントが寄せられるコラムを書いてくれて本当にありがとう。ひょっとして目に入ってないかもしれませんが、批判コメントの半分ぐらいだけど、横山さんを擁護するコメントもたくさん寄せられていますよ」

そう言われて読み返してみると、たしかに、膨大に寄せられたコメントの中には、「批判コメントを書いている人は、このコラムを最後まで読んでいないようだ。筆者は、ムダな会議をやめろと言っているだけで、会議が必要ならその目的と、目的に合致した参加者、人数、時間をあらかじめ決めて実施しなさいと主張している」

「著者は、膨大な体験と統計データから会議の意義を問うているのに、バッシングしている者たちは、ただ感情的に誹謗しているだけで、まるで反論になっていない」

このように肯定的なコメントもたくさんあったのです。

頭が真っ白になってしまっていた私には、肯定的なコメントに焦点を合わせることができず、冷静でいられなくなっていました。

「誰もが肯定するようなコラムを書いても、多くの人から関心を寄せられることはありません。社会に問題提起をすることがコラムの役割ですから、多くのコラムは賛否両論になるものです。横山さんの主張はすごくいいですよ。この調子で、ドンドン書いてください」

このように勇気づけられ、私はコラムを書き続けました。結果として「脱会議」のコラムは大ヒット。１回の記事で１００万ＰＶを超えることが何度もあり、のちに書籍化され、ベストセラーにもなりました。

その後、私は７年以上もコラムニストとして記事をアップし続けています。その都度批判コメントを寄せられますが、「インパクト×回数」によって私の思考プログラムは徐々に変わっていきましたから、今ではもう何も感じることはありません。

「今日もまた、横山さんのコラムにボロクソに書いている人がいた。あんなに批判されても、よく続くね。よほど横山さんは信念があるんですね」

と言われるのですが、違うのです。

この7年間で、自らを鍛えて「動じない人」になっただけなのです。


それどころか、たまに振り返ってみると「幸せなことだ」と感じることのほうが多いように思います。

子どもの頃の私は、貧しい自分の家庭が恥ずかしく、友だちも多くいませんでした。クラスにいるのかいないのかわからないような地味な存在だったので、世間様が私の書くことに関心を寄せてくれるというだけでも、ありがたいと素直に思えます。

仕事でもそうです。

昔はできなかったことが、今はできるようになった。

昔は落ち込むことが多かったけど、へこたれることが少なくなった。

こうやって自分の成長を実感しているときこそ、人は一番幸せを感じるのです。

「今」という点と「未来」の点が2つあって、その点と点を結んだ線がピンと張りつめた状態で、自分がその線の上にいると感じられるとき、人は幸せを実感しやすいということです。

ですから比較する対象は、自分に関わることなら、なんでもかまいません。

昔はほとんど本を読む習慣がなかったのに、最近は月に10冊読むようになった。知識も増え、広い視野で物事が考えられるようになったとか、昔は病気がちだったけど、最近はすこぶる体調が良くなったとか、そんなことでもいいのです。

仮に今の自分がイマイチだとしても、気にする必要はまったくありません。それどころか、イマイチな分だけ、幸せを実感できる余地しかないと思ってみましょう。

不安を軽減する秘策

「自分を変えられるとしたら、どんな自分を変えたいか？」とアンケートを取れば、おそらく上位に入るのが、「未知のものに対して過剰に怯《おび》える自分」でしょう。

「失敗したって命が取られるわけじゃないし」と言われたところで、「そうですか。じゃあやります」と頭を切り替えられる人はほとんどいません。

よほど鈍感な人ではない限り、未知のものに不安を覚えるのは、ごく自然なことです。

よって、その反応自体を無理やり変えようとするよりも、**最も確実で簡単な方法は「想定外」を「想定内」にしてしまう**ことです。

少なくとも、私はそうやって緊張しやすい自分を克服してきました。

いかに未来をシミュレーションできるか、具体的に思い描けるか、です。

想定外を想定内にする方法

例えば、資産運用で考えてみます。

株や為替、不動産などは、過去にリスクを顧みずにチャレンジした方々がさまざまな運用メソッドを編み出しており、私たちはそれらを参考にすることができます。

未来のことは誰にもわかりません。

単独の株価の動き、不動産の価格相場を予想することは困難でしょう。

しかし、資産の組み合わせを工夫することで、想定外のことを想定内にしやすくすることはできます。リスクを減らす分だけ、リターンは目減りしますが、過去を調べて未来をイメージし、不安を軽減することはできます（仮想通貨などは現時点で、過去の知見が積み上がっていないため、想定外を想定内にすることは、論理的に困難と言えるでしょうが）。

これが、**「インテリジェンスで武装する」**ということです。

感覚的に捉えず、論理で不安を軽減させることができれば、私たちは多少の想定外なことがあっても、柔軟に対応することができます。

これが自分を強くする一歩となります。

私たちが日々リスクだと感じること、できれば避けたいと思うことを、どれだけ想定内にすることができるか、常に考えてみるのです。

私は以前、セミナーをする際、想定問答の作成に時間をかけたりするのはもちろんのこと、受験生のように会場の下見にも行きました。

魅力的な話し方ができるか不安だったら、自分が良いと思ったセミナー講師のビデオを見て、顔の表情や手の動きや間合いなど、モノマネ芸人がある人を完コピするかのごとくパーフェクトに真似ができるよう何度も練習しました。もちろん、頭の中では自分がセミナー会場で完璧にしゃべっている姿をイメージしながら。

すると、徐々に不安が薄らいでいくのです。

そうやって不安を理性と若干泥臭い努力で払拭していけば、行動力が上がるので、場数を踏んでいけます。

すると、**人は刺激に慣れていく馴化という反応（刺激馴化）が起き、だんだん緊張しなくなっていく**ものです。

また、未来をシミュレーションしてみようという姿勢を持つと、いろいろと疑問が湧いてきます。その疑問を一つひとつ調べてつぶしていけば、より具体的な未来像を描けるようになります。

ですから、できるビジネスパーソンほど、上司に対する、細々《こまごま》とした相談事が多いのです。

感覚的に「無理だ」「難しい」と言って思考停止になることなく、想定外を想定内にするべく、考えたり、調べたりするために手や足を動かす習慣が身についているからです。

思考活動の3要素のうち、超情報化社会で最も求められるもの

人の思考活動に必要な3要素は、**情報**、**知識**、**知恵**です。

経営で言えば、データが「情報」で、マネジメント手法やフレームワーク、過去の事例などが「知識」。長年の経験に裏打ちされた応用力や発想力や問題解決能力などが「知恵」に当たります。

このうち、「情報」は日々変動していくものですが、「知識」は変動しません。「知恵」は、長年の経験を要するのでじわじわ変わっていくイメージです。

川下りをするときに流れを的確に読むためにも、そして、自分なりのオールを持つためにも、まずはこの分類をしっかり理解することが肝要です。

これからの時代は超情報化社会と言われるくらいですから、情報収集に関しては今までとは桁違いにやりやすくなります。

その情報を処理する知識に関しても「こういうときはこうすればいい」という規則性が見えているなら心強いでしょう。

少なくとも、何らかの情報と知識があるだけで、リスクは低減できます。

新しいプロジェクトを任されても、転職して過去に経験のない職種に就いても、昇進して部下が増えても、恐れることはなくなります。

一方で情報を正しく捉えられず、それを処理する知識もないまま、単なる感覚だけで判断する思考のクセがある人は、明らかに今後の情報社会に溺れていきます。

情報化が進むことで、情報や知識どころか、**人間が生み出す「知恵」への期待がよりいっそう高まる**からです。

「知恵を絞る」ことを習慣化

ただし、知恵というものは一朝一夕で身につくものではありません。

例えば、私は資産運用に関しては、素人レベルの知識と経験しかありません。株価や為替相場といった情報をどう判断するのかは、本やＷＥＢで仕入れた知識を活用するしかありません。経験がとても浅いので、私なりの知恵が何一つありません。まだそのようなレベルですから、これから未来において成功や失敗を繰り返しながら、試行錯誤して知恵を働かせていくしかないのです。

コンサルティング先でもそうです。

目標を絶対達成させるうえで、どのような情報を、どのような知識で料理するか。それをクライアント企業に伝えることはできます。

しかし、それだけで結果を出せるほど、甘い世界ではありません。想定外のことを想定内にする工夫を続けた結果、知恵がつき、再現性の高い成果を手にできます。

私たちが常に現場にこだわるのは、一緒に汗をかいて、知恵を出し合うためです。

普段から知恵を絞る習慣をつけておくことがいかに重要か、ということです。

最初は精度が低いのはあたりまえ。

とにかく考えるクセをつけることが、自分のオールを持つ第一歩です。

「悩む」と「考える」の違い

よく言われることですが、「悩む」と「考える」は違います。

私は以前から意味もなく悩むクセがありましたから、出口のないトンネルに迷い込んだような、心の晴れない日が続くことがよくありました。

しかし、インテリジェンスで武装し、「悩む」という言葉を自分なりに定義することで、心が白むほど悩むことは極端に減りました。

それでは、「考える」と「悩む」は何が異なるのか？

次のように認識するとわかりやすいでしょう。

「考える」はデータを処理できている状態のことで、**「悩む」はデータを処理できていない状態**であると。

データが処理できない理由は２つです。

◎データが存在しない

◎データが格納されている記憶装置に正しくアクセスできない

人間にとっての記憶装置は、コンピュータと同じように**「短期記憶」「長期記憶」「外部記憶」**の3つがあります。

「短期記憶」とは、いわゆる「ワーキングメモリ」のことを指します。情報を処理するために一時的にデータを格納しておく作業台のようなものです。

「長期記憶」は、長い歳月をかけて蓄積してきた知識の図書館のようなもの。

「外部記憶」とは、自分の脳の外にある記憶装置。紙の資料、スマホのメモ、ネット情報、会社のデータベース、他人の知見などのことです。

通常、人が考えようとするときは、最も身近にあってアクセススピードの速い「短期記憶（ワーキングメモリ）」にアクセスをします。もしそこに求めるデータが格納されていなければ、脳のもっと深い部分にある「長期記憶」にアクセスし、そこにもなければ「外部記憶」に答えを求めようとします。

料理で言うと、キッチンカウンターに材料がなければ冷蔵庫を探し、冷蔵庫になけ

人間にとっての3つの記憶装置

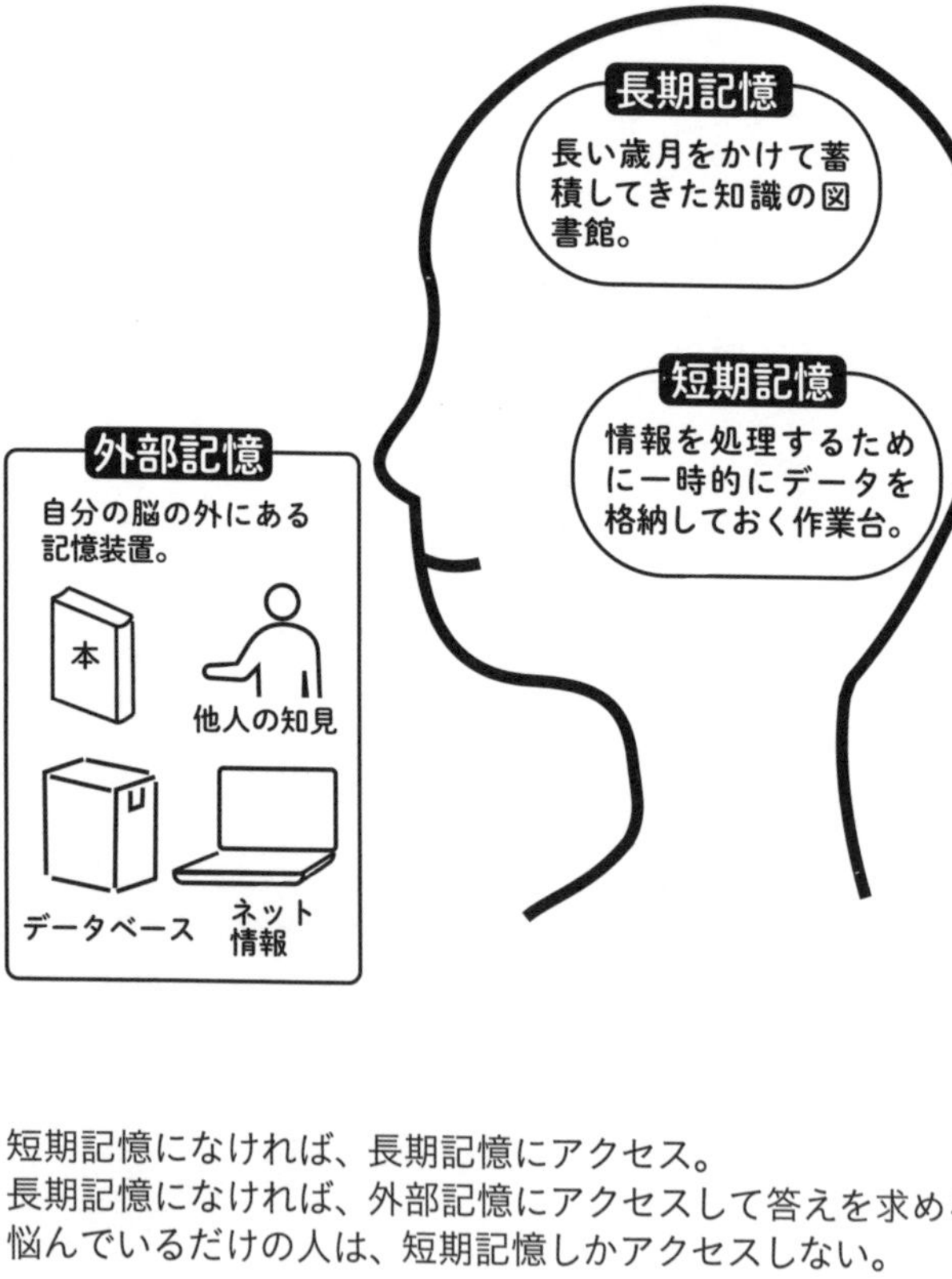
長期記憶
長い歳月をかけて蓄積してきた知識の図書館。
短期記憶
情報を処理するために一時的にデータを格納しておく作業台。
外部記憶
自分の脳の外にある記憶装置。
本
他人の知見
データベース
ネット情報

短期記憶になければ、長期記憶にアクセス。
長期記憶になければ、外部記憶にアクセスして答えを求める。
悩んでいるだけの人は、短期記憶しかアクセスしない。

ればスーパーに行くようなものです。

しかし、**悩んでいるだけの人は、基本的に「短期記憶」にしかアクセスしません**。目の前のキッチンカウンターに置かれた材料を見て、「こんな材料しかないのか。困ったな」と立ち止まっている状態です。

冷蔵庫も見なければスーパーにも行かないので、いくら悩んでも事態は変わりません。

「悩む」を「考える」に変えるコツ

「人工知能が進化することで、世の中どうなってしまうのか。自分の仕事がなくなってしまうかもしれないし、それだけではない。人工知能が人間よりも賢くなったら社会は混乱し、新たな犯罪が増え、銀行に預けたお金も悪いヤツに盗まれるかもしれない。今よりもっと生きづらい世の中になるのは間違いないから、不幸になるだけ。あえて子どもなどつくらないほうがいいかもしれない……」

正しい情報、知識がないまま、報道などで入手した断片的なコンテキストだけを短期記憶に入れていると、無駄に堂々巡りをして消耗します。

この無限ループを抜け出す方法は**「正しい問い」を立てる**ことです。

「人工知能が進化すると、自分の仕事はなくなるだろうか」

「人工知能は人間よりも賢くなるのだろうか。賢くなったら社会は混乱するのだろうか」

「人工知能が進化することで、新たな犯罪が増えるのか」

「未来は子どもたちにとって生きづらい世の中になるのだろうか」

こういう問いを立てると、人の脳は「データ処理モード」に入ります。思考の材料を求めて自然と長期記憶や外部記憶にアクセスしようとします。

ただ、普段から短期記憶だけにしかアクセスしていないと、正しく処理ができないため、

「だってそうでしょう？　人工知能ってそういうもんじゃないの？　あんな訳のわからないものが進化したら、社会は混乱するに決まってる」

といった支離滅裂で、捉えどころのない論拠で結論付けてしまうこともあります。

いつも悩みを抱えていて苦しい思いをしている人は、まずはこのように「悩む」と「考える」の脳の動き方の違いをイメージとしてつかんでおいてください。

特にいくら考えても霧が晴れる気配がない人は、「自分は今、キッチンカウンターで立ち止まっているだけじゃないか？」と自問自答してみます。

それさえ理解できれば、人に悩みを打ち明けるときも、どんな人が適切な相手かわかるでしょう。

相談すべきは、正しい問いかけをしてくれる人であり、時に外部記憶となってくれる人です。

逆に相談してはいけないのは、自分と同じように悩むクセの強い人。

「その気持ちわかるよ。辛いよね」と優しい言葉をかけてくれるのはいいのですが、キッチンカウンターで寄り添われても、何も解決しないのです。

自分が迷い込んだ袋小路に友人を連れ込んで、それで満足していてはいけません。

判断基準に必要な2つのエッセンス──確率論と再現性

物事の判断基準としての確率論の話もしておきます。

皆さんはこうして本を読んでいるので、きっと読書習慣のある方がほとんどだと思います。私の会社でも、部下たちはコンサルタントを生業としているくらいなので、本を読まない人はいません。

知り合いの経営者などを見渡しても同じで、「うまくいっている人ほど本を読む」というのは、だいぶ言い尽くされた話ではありますが、やはりそういうものだと思います。

私は物事を考えるときに、よく**「集合ベン図」**を使います。小学校の算数で習う、複数の円が交わった形で描かれる図のことです。

例えば「読書習慣のある人」の円と「うまくいっている人」の円の2つがあるとします（何をもってうまくいっているかの定義は主題ではないので省略します）。

円が交わる部分が「読書習慣があってうまくいっている人」。

物事を判断するときに使える「集合ベン図」

（例）うまくいっている人ほど、本を読む。

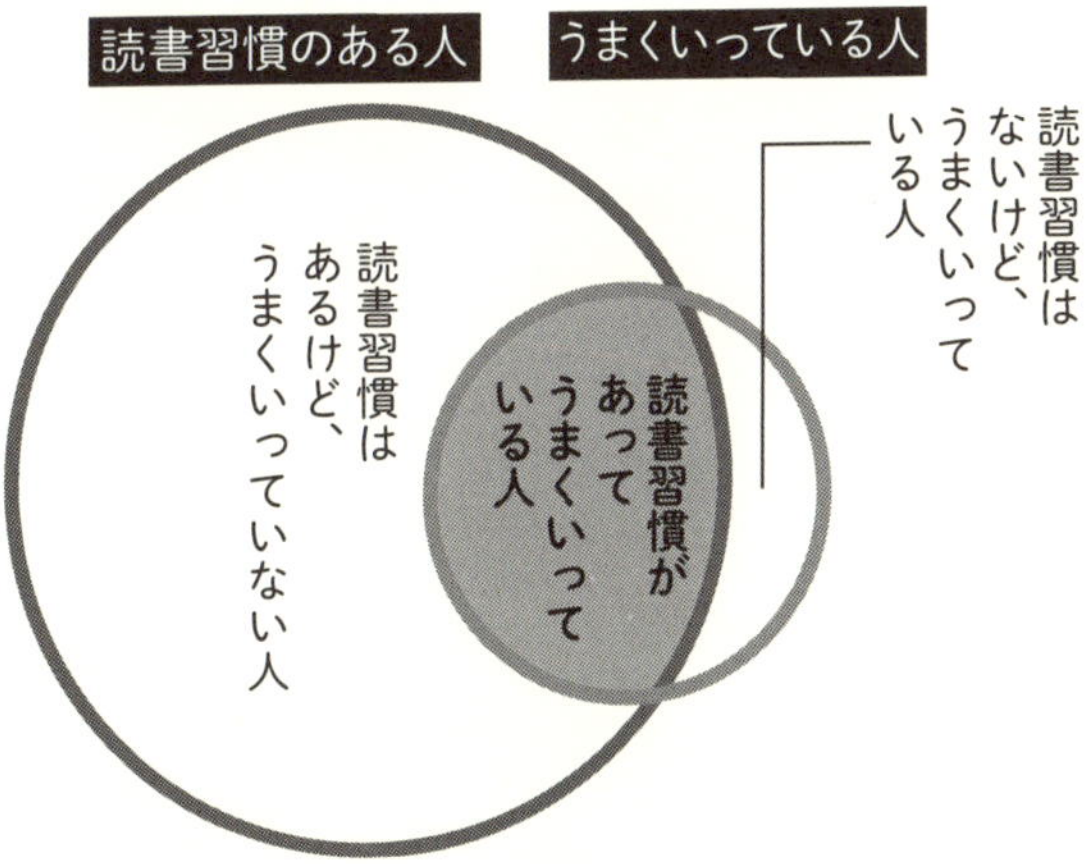

思考の土台ができていない人は、
「読書習慣はなくてもうまくいっている人がいる。
だから本を読まなくていい」と結論づける。
確率論から考えると、その結論は正しいとは言えない。

交わっていない部分が「読書習慣はあるけど、うまくいっていない人」と「読書習慣はないけど、うまくいっている人」です。

ここで思考の土台ができていない人が陥りがちな罠は、「読書習慣はなくてもうまくいっている人はいる。だから本など読まなくていい」という結論を選んでしまうことです。

たしかに、読書習慣がないのにうまくいっている人はいます。でも、その事実を自分に読書習慣がないことの論拠にしているのであれば、単に現状維持バイアスにかかっているだけです。川底にへばりついた魚と一緒。

論理的に考えるときに、外せない概念は「確率」です。

仮説思考で動くときも、より仮説の精度が高そうなものから試していくのが基本。そして、その確率は過去のデータから読み取るしかありません。

本を読んでうまくいく人もいれば、本を読んでうまくいかない人もいる。そして、本を読まずにうまくいく人もいる。

この3パターンがあるというのは、MECE（漏れなくダブりなく）で要素を整理しただけであって、そこからさらに確率論を考えて判断基準としていきます。そうでないと、分類した意味がありません。

確率が低いことを選択してうまくいったほうが話題性があります。

話題性が高いニュースのほうが人の関心を寄せますから、テレビなどのメディアで取り上げられることが多いのです。

しかし、**強くなるためには、話題性よりも再現性を重視**します。

ダイエットでも、経営戦略でも、話題性が高いメソッドに飛びつく人は、衝動コントロールを正しくできていないのかもしれません。

たくさんの選択肢に溺れる「弱い人」が足りないもの

激動の時代とは、選択肢が増える時代とも言えます。

たくさんの選択肢がある中で流される人は、自分にとって都合のいい選択肢を無自覚で選ぼうとします。

そこが危険なのです。

あくまでも、**客観的に物事を見て、確率論で評価を下していく。**

それは、自分の感覚が選んだ答えと同じかもしれないし、違うかもしれません。

「よくよく考えたら、たまたまうまくいっているだけだ」という選択肢をしっかり見抜いていかないといけません。

例えば、自分を変えていくために成功者のロールモデルを見つけて自分も同じようになろうと頑張る人もよくいます。

変わろうとする心意気はすばらしいですが、そこにも落とし穴があります。

巨大魚のマンボウを、水族館などでご覧になったことはあるでしょう。

実はあのマンボウ、卵を3億個も産むそうです。では、3億個のうち、どれくらいが成魚になるまで生き延びるかというと、たった3、4匹。

確率で言えば、1億分の1です。

そんな倍率を勝ち抜いて成魚になったマンボウに、

「どうやったら、あなたのように1億分の1の競争を勝ち抜けるんですか？　その秘訣を教えてください」

と聞いたとします。

すると、マンボウが「ポイントは3つある。まずはね」と得意げに答えた場合、それらのポイントを参考に、生き残るマンボウの子どもたちはどれぐらいいるでしょうか。

もしその3つのポイントに再現性があるのなら、残りの2億9999万9997匹の兄弟もそれなりの確率（たとえ1％の再現率であったとしても、100万匹が成魚になる計算）で生き延びて、世界中の海がマンボウで埋めつくされているはず。

でも、実際にはそうならないのは、マンボウが進化の過程で行き着いた、子孫を残すには3億個の卵が必要だという結論こそが、最も理にかなっているからです。

仮想通貨のビットコイン、イーサリアム、リップル、ネム等を所有し、億り人（おくりびと：億を超える資産をつくった人）になった人がいます。そして、そのような億り人を真似て、仮想通貨に過剰に自己資金を投資した知人を何人か知っています。

それを聞いたとき私も心を動かされました。同じような取引をして億り人になることもなく、たいへんな損失を抱えた膨大な人たちのことを意識せず、意外と自分ならうまくいくかもしれないという自信過剰バイアスにかかるからです。

正しい情報を絶えず収集し、それなりの知識で意思決定したのならいいのですが、実際に億り人になった人のやり方を真似するだけなら危険すぎます。

こういった億り人の例は、成魚になったマンボウと同じ。

自分が目指したい理想の人を見つけ、その人をロールモデルにしてもいいのですが、その人は、たまたまうまくいったマンボウタイプなのか、試行錯誤しながら自分で創り上げた知恵でもって輝いている人なのかは見極めていきましょう。

激流に溺れないためにも、こういった**「目利き力」**は不可欠です。

想定外のことが起きても、オロオロしない思考法——「マトリクス思考」

縦軸と横軸に異なるファクターを置いて、その組み合わせで物事を整理しながら考える思考法のことを**「マトリクス思考」**と言います。**物事の優劣などを見極めるときに複眼的な視点を持つ**ことを目的としています。

従来は戦略を立てる参謀役やコンサルタントが重用してきた思考法ですが、選択肢がやたらと増えて答えが見えづらくなるこれからの時代には、個人でもマトリクス思考を取り入れると、大きな武器になります。

私が日常生活でもよく使うマトリクスは**「重要か否か」**と**「解決可能か否か」**の2軸による整理です。

これは、想定外のことが起こってもオロオロしたり、混乱したりしないためにも、活用できる場面が多いので、ぜひおすすめしたいものです。

例えば、大事なお客様から重大なクレームが来たとしましょう。それは非常に重要なことで、なおかつ解決できるのであれば、狼狽《うろた》えていても仕方がないので、とにかく迅速に動かないといけません。

ただ、ビジネスをしていると、重要なイシューではあるけれども解決できないものもあります。

極端な話をすれば、自分の会社がある日突然、外資に買収されたとします。英語はできないし、新体制になってリストラに遭うかもしれないと自覚している人にとっては重要なことですが、決まったことは、よほどのことがない限り変えられません。自分のポジションでは受け入れるしかないのであれば、愚痴《ぐち》っても、不満を垂れ流しても、すべて不毛なことです。

遊びでもそうです。

家族サービスでディズニーランドに行ったら、ものすごい行列になっていた。楽しみにしていたアトラクションの待ち時間もなんと「200分」。3時間以上も待たなくてはならないことを知って、愕然とします。

しかし、それでも体験したいという欲求が、200分も待つコストよりも勝っているのであれば、「もうこれは解決しようがない」と事態を受け入れることが一番です。「どうして今日はこんなに混んでいるんだ」「もっと他のアトラクションもあるのに」と不平を言っていても心が消耗するだけ。

このように私はある**想定外の事柄にぶつかると、まず「解決できるのか」「解決できないのか」の2象限で考えます。**

悩みはしません、考えるのです。

すると、どのように情報を出し入れしても「解決できない」という象限に入ることなら、考えることをやめます。動揺し、身悶えるだけストレス耐性が落ちるからです。あえて思考を停止して、淡々とやることに専念します。

答えが見えづらいときに整理する「マトリクス思考」

		重要	
		高	低
解決	可	①	②
	不可	③	④

このように表にして振り分けていくと、
①〜④の答えが見えてくる。
縦軸と横軸のファクターは、判断材料によって変更する。

一方で、「重要か、重要ではないか」という基軸もあります。

新しく導入した情報システムが使いづらかったとか、不誠実な営業に時間をとられたとか、手を滑らせて食器を割ったとか、こういった出来事は、瞬間的にはイラッとするかもしれません。

しかし、**「これって、そんなに重要なことか？」と考えてみる**と、そうでもないことに気がつきます。

さらにそこで「解決できるか？」と考えてみて、解決策が思い浮かびそうなら継続して考えますが、解決できなければ前述したケースと同じように思考を停止します。

思考停止は、〝スルー能力〟と似て、感情を引きずらないためのテクニックの１つです。

感情に振り回されない「俯瞰力」を身につける秘策

ビジネス戦略を立てるときや、日々の悩みを解決するときもそうですが、感覚論ではなく、論理的に考察するためには、対象から距離をおいて全貌を捉えていく、いわゆる**「俯瞰力」**が必要です。

人はどうしても自分のことや、自分の視界の範囲にあるものばかりに焦点を合わせてしまって、いわゆる「視野が狭い状態」になる傾向があります。

しかし、視野が狭いままだと、物事の本質を捉えられずに誤った判断を下したり、無駄に振り回されたりしてしまいます。

強くなるために、感情に振り回されないようにしましょう。

俯瞰力は、ビジネスの世界では常識とされるものですが、そのわりに「俯瞰力を身につける方法」となると、なかなか明文化されたものを見かけません。

ここで、その秘訣を解説します。

NLPでよく使われる、**「アソシエイト」**と**「ディソシエイト」**という概念を用います。

アソシエイトとは、英語で「交わる」「付き合う」といった意味ですが、ニュアンス的には「深い関わりを持つ」イメージ。ある物事に深く入り込みすぎて、**客観的な**

視点で物事を見られない状態を「アソシエイト状態」と呼びます。

映画や小説の世界に没頭しているとき、意気阻喪《そそう》してまわりが見えなくなっているときなどがそうです。

ディソシエイトは、その反意語で「関係を断つ」という意味です。ある物事に対してクールで、**客観的・分析的な態度で接している状態を「ディソシエイト状態」**と呼びます。

先述のように、テーマパークで長蛇の列に並んでいるとき、客観的に自分を分析し、「並ぶ以外に解決する術《すべ》はないのだから、イライラするのはよそう」と、感情をコントロールしているときは、まさに「ディソシエイト状態」です。

この「ディソシエイト状態」を自在につくり出せるようになれば、俯瞰力もまた身につけることができるようになります。

感情を引きずらず、衝動を手なずける「思考の土台」をつくる

ある店舗経営者が、六本木に旗艦店を出すということを聞いて、私は開店祝いの花輪をお贈りしました。それが2年前。しかし、その7カ月後には旗艦店を閉めるとうかがい、その経営者に会いに行きました。

ひと目見て、経営者は完全に「アソシエイト状態」にあることは明らかでした。旗艦店への思い入れが強すぎたのか、「もうダメだ。これまでやってきたことはすべて水の泡だ」と、取り付く島もないほど落ち込んでいます。

私は、冷静さを取り戻されるのを待ってから、その方に、関東や北陸に点在する17の店舗についてデータを見せました。

経営者が「ドツボにはまっている」状態でしたから、経営の全体像をつかむことができていません。自暴自棄になっているので、感情的に部下に当たり散らすばかりです。

俯瞰力を取り戻してもらうためには、正しい情報が必要です。そしてその情報を正確に分析する知識があれば、グダグダと決断を後悔してばかりいる自分との関係を断つことができます。

旗艦店の失敗で、自分の思い描いた事業計画の達成見込みは消えました。

しかし、それはそれ。ご縁があって、集まった100人以上の従業員のためにも、悲嘆にくれる自分から「ディソシエイト状態」となるべきです。

感情をコントロールするうえで、アソシエイトとディソシエイトは覚えておきましょう。

アソシエイトとディソシエイトは、第4章で詳しく解説します。

このように情報と知識を駆使することで、感情を引きずらず、衝動を手なずけるための思考の土台をつくることができます。

膨大な知識が、動じない自分をつくる

知識は知識でも、浅く、偏りのある知識ではダメです。

体系化されたロジック、システム、ストラクチャー（構造）も頭に入れておくことです。

「変化に強くなるためには、どんどん新しいことをやればいい」と言われても、ほとんどの人は実行しません。説得力の高いロジックが足りなさすぎるからです。

「くまモン」のアートディレクションなどで話題の日本を代表するデザイナー、水野学著『センスは知識からはじまる』から引用してみましょう。

センスのいい家具を選びたいのに、選べないという人は、もともとインテリアにさほど知識がありません。それなのに、何軒かインテリアショップを見て、せいぜい5〜6冊の雑誌を眺めたくらいで「私にはわからない」と言ってしまいます。

パッと見ただけでセンスのいい家具を選べる人は、おそらくインテリア雑誌の100冊や200冊には軽く目を通しています。

「センス」という、いかにも「持って生まれた感性・感覚」的なものであったとしても、相当な知識が必要だというのです。

ということは、**なぜ自分は変われないのか、なぜもっと強くなれないのかと悩む前に、そうなるための「知識」が足りなさすぎるのではないかと疑ってもいい**でしょう。

本当は「100」の知識が必要なのに、「5」とか「10」しか、まだ得ていないのでは、と自己認識することから始めます。

知識を身につけるだけで、自分の思考プログラムが変化する

知識に偏りがあると、思考に強いバイアスがかかります。

「自己啓発セミナーって怪しいよね」

「ＮＬＰを勉強して成功した人なんて、聞いたことがない」

などと、先入観で物事を見てしまうことがあります。

私も投資をするまでは「不労所得で得たお金は汚い」などと決めつけていました。ところが勉強すればするほど、これからの人生１００年時代は、労働所得と資本所得とのバランスや、お金のみならず人脈や健康といった資産を長期的な視点で形成していくことが大事だと理解できるようになりました。

やはり、ロジックを知ること、物事のストラクチャーを知識として身につけることは大事です。

そうすることによって、別の方向から物事を見つめる目を、新たに手に入れることができるからです。

知識を身につけるだけで、自分の思考プログラムに変化を与えることができます。

そのためにも、**普段は接しない人や本、コミュニティなどに接していきましょう。**

第3章

DO SOMETHING NEW

行動を変えると、価値観が変わる

第2章ではインテリジェンスを活用することで、感情的な自分をカバーしながら動じない自分になっていくという話をしてきました。

第3章以降は、NLPの話題を中心に、「新しい自分」になっていくためのテクニックと、それを下支えする知識の解説をしていきたいと思います。

繰り返しますが、「新しい自分」「強い自分」になっていくときに、明確なゴールは要りません。

「今とは違う、何か新しいもの」になっていればいいのです。

英語で書けば「BE SOMETHING NEW」。

例えば、5年後、10年後に今とはまったく違う仕事をしていたり、交友関係がまるっきり変わっていたりする次元の話です。「今の自分が想像もしていない自分になっていること」を目指していただきたいと思います。

「なぜそれがいいと言い切れるんだ」と思われる方は、第2章に書いた確率論を思い返してみてください。

たしかに、現状を維持したまま幸せを享受できる人はいるでしょう。でも、確率論で言えば、**現状に執着せず、自分の殻をストレッチし続ける人のほうが幸せに生きられる確率が高い**、ということです。

この前提を踏まえたうえで「新しい自分」とは何かを考えてみましょう。

まず、BEというのは「〜である」というアイデンティティの次元ですから、いきなり変われそうにないことはご想像いただけるでしょう。

ここで参考になるのが、次ページの図にある、NLPでよく使うニューロロジカルレベル。人の意識を5階層で表したモデルです。

一番下が環境で、環境の上に行動があり、行動の上に能力がある。能力の上に価値観があって、価値観の上にアイデンティティがある。

「何か新しいものに自分が変わる」ということは、一番上の「アイデンティティが変わる」ということです。

このモデルをもっと単純化して、行動、価値観、アイデンティティの3段階で見ると、**BE SOMETHING NEWになるためにはTHINK SOMETHING NEW**、つまり新しい

「新しい価値観」に変わるためには、「新しい行動」が不可欠

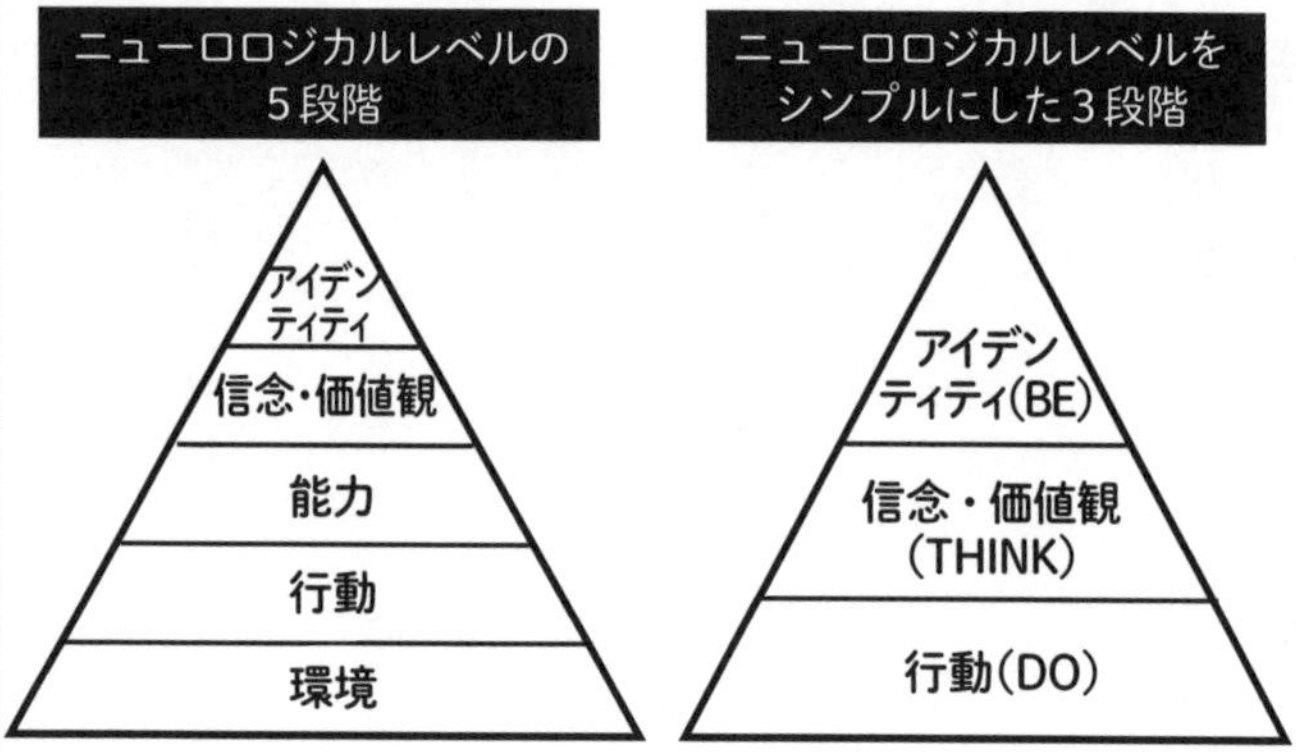

「BE SOMETHING NEW」(アイデンティティ)になるためには、「THINK SOMETHING NEW」(信念・価値観)を手に入れなければならない。
その思考は「インパクト×回数」で決まる。
だから、THINKを変えるためには、「DO SOMETHING NEW」(行動)する必要がある。

価値観や考え方を手に入れないといけません。

その思考は、「インパクト×回数」で決まるわけですから、**THINKを変えるためには DO SOMETHING NEW、とにかく何か新しいことをやってみる必要がある**のです。

「新しければ何でもいいの？」と思われるかもしれませんが、よほど身を滅ぼすようなことではない健全なものである限り、何でもいいのです。

その積み重ねが自分の思考プログラムをじわじわと変え、結果的にアイデンティティも変えるのです。

行ったことがないラーメン屋に行ってみるのでもいいですし、普段、労《ねぎら》いの言葉をかけていないパートナーに花を買うのでもいい。いつもより1時間早く出社してみるのでもいいし、普段観ないジャンルの映画を鑑賞してみるのでもいい。

どんな行動が自分の思考や価値観の変容につながりやすいかは、これから詳しく説明しますが、自分にとって新しい体験を得られそうなことであれば、基本的に何でもかまいません。

「きっかけ」をつかむ土壌をつくる

DO SOMETHING NEWを意識して新しい刺激を定期的に与え続けていると、変化を受け入れる「土壌」がつくられていきます。

新しいことをすれば自分がすぐに変われるわけではないですし、人が変わるときは必ずしも「点」のきっかけによるとも限りません。

大事なことは、変化を自然と受け入れられる自分になれているかどうか。

自分の思考プログラムが凝り固まっている人ほど、その土壌を普段から柔らかくして「変わるきっかけ」という種が落ちたときにそれを育むことができるようにしておく必要があります。

そこができていないと、せっかく運命的なきっかけと出会っても、センサーが鈍っているので、それがチャンスだということに気がつかなかったり、流れに乗り遅れたりするのです。

せっかくの「きっかけ」をつかむ人、逃す人

例えば経営者同士で会食をしているときに、誰かが大きなビジネスチャンスを秘めた話題を俎上に載せたとします。

時流に乗っている、強い経営者はそうした話題に対する感度はとても高いので、「もう少しディティールを教えて」と前のめりになります。

しかし、既得権益に守られた保守的な業界の経営者は、むしろ「自分はそんなことではなびかないよ」といった態度で会話を傍観するのです。

もちろん、安易な儲け話に乗る必要はありませんし、自分の手掛ける事業にプライドを持つことも大事なことでしょう。

でも、今の時代、ビジネス環境の変化をつかんでおいて損することはないはずですし、わざわざ話題を拒絶する必要もありません。

そういう人を客観的に見ると、プライドがあるというよりも現状に対する執着心のようなものが感じられて、危うい印象がしてなりません。

私が主宰している「絶対達成社長の会」では、さまざまな目的を持った経営者が集まります。そこで私がすることはかなり明快で、ひたすら「無茶ぶり」です。

当然、参加メンバーは一国の主ですから自分なりの流儀や価値観をお持ちです。人から何かを強制される場面も、普段あまりないはずです。

そんな社長たちに、私は「その人がきっと苦手であろうこと」をお願いすることがあります。

「朝会の受付をやってもらえませんか」

「来週までに名簿をつくってほしいんですが」

「イベントの企画をお願いしたい。福岡会場が盛り上がるための企画を」

すると必ずいるのが「無理です」「難しいです」と瞬間的に拒絶する人。

これは自分なりの思考プロセスが硬直化した人の典型的なリアクション（脳の反応）です。熟考するわけでもなく、**最初から「できない」「やらない」と決めつける**わけです。

明らかに変化を受け入れる土壌がガチガチになっている状態です。普段使っていない感覚を急に使おうとしても簡単にはいきません。

せっかくのきっかけを考えもせずに拒否をしているのです。それは、とてももったいないことです。

「こういうのは無理」と自分の感覚に合うものだけをチョイスしていく生き方は、思考プログラムに言われるがままの人生と言えます。それでは、新しい自分、強い人には一向になれません。

子ども時代を振り返ってみるとわかるように、人は誰しも素直で柔軟な発想を持っていたはずです。それが育った環境や職場環境によって徐々に独自の思考プロセスのクセがついていき、土壌が硬くなっていきます。

その土壌を再び耕すのが私の役目なのです。

自分の優位感覚を知る

ここからは、具体的にどのような行動をすれば、思考プログラムを変化させやすいのかという話をしていきます。

私たち人間はいろいろなタイプがいるため、闇雲に刺激を与えていれば、万人に同じ効果が出るというわけではありません。

では「タイプ」とはいったい何か？

性別や文化的背景、社会的地位、はたまた血液型など、人のカテゴリ分けに用いる尺度は星の数ほどありますが、NLPではよく**「優位感覚」**もしくは**「VAK」**という概念を用います。

視覚、聴覚、触覚、味覚、嗅覚の五感のうち、**「どのセンサーの感度が高いか？」は人によって変わります**。

そのうち感度の高いセンサーのことを「優位感覚」と言います。

触覚、味覚、嗅覚の3つをひっくるめて「体感覚」と呼ぶと、人の優位感覚は**視覚（Visual）**か**聴覚（Audible）**か**体感覚（Kinetics）**かに分けられます。

これが「VAK」と呼ばれるタイプ分けの仕方です。

自分の思考パターンや価値観を決定づけているのは、刺激による「インパクト」、

および インパクトを与える「回数」です。

そのとき、当然、反応の良いセンサーに刺激を与えたほうが「インパクト」が大きいわけですから、自分自身の優位感覚を知っておく（少なくとも意識しておく）ことは、とても簡単にできて、なおかつ非常に効率的なことなのです。

あなたはどれ？
３つの優位感覚の特徴

ここにVAKのそれぞれの特徴をまとめてみたので、皆さんがどのタイプに該当するのか考えてみましょう。

なお、人はVAKの３つにスパッと分けられるわけではなく、「自分はVが一番強そうだけど、Aもそこそこ強いな」といったように、**あくまでも組み合わせである**ということも先にお伝えしておきます。

V（Visual　視覚優位）タイプの特徴

視覚情報への感受性が高いのがVタイプです。

例えば、私はVの特徴が強いので、クライアント企業の店舗の内装や会社のパンフレットが少し変化しただけでもすぐに気づきます。オフィスに観葉植物が増えていたり、以前はきれいに貼られていた掲示ボードのチラシが乱雑になっているのにも目がいきます。

常に感度を上げて注視しているわけではなく、単に視覚的な刺激に対して脳が反応しやすいから気がつくのでしょう。

「髪を切っても化粧を変えても、彼氏（や旦那）が気づいてくれない！」と不満を持つ女性は多いでしょうが、それはパートナーがおそらく視覚優位ではないからだ、と捉えてもいいかもしれません。

なお、Vタイプの人は、**頭の中でもビジュアル的に物事をつかもうとする特徴があります**。よって、Vかどうかは**普段使う言葉である程度判断することができます**。

「私のイメージでは」「思い描いてみてほしい」「全体が見えないな」

こういった言い回しを多用する人は視覚優位の傾向が強いと言っていいでしょう。

また、しきりに「ビジョン」を強調する経営者もまさにV。経営者は視覚優位の人が多いのが特徴です。


ただし、**Vタイプの欠点は話があちらこちらに脱線しやすい**こと。それは頭の中ではビジュアル的なものはあるものの、次に説明するAタイプの素養（論理性）が欠けていると言語化が困難なために起こります。

Vタイプにおすすめの刺激

もし視覚優位だと自覚されている人が自らに刺激を与えるなら、「美しい風景を見に行く」とか「すばらしい絵画を観に行く」といった**映像的な刺激**でもいいかもしれませんし、「すばらしい未来を想像する」といった**空想の領域（内的体験）**でもいいかもしれません。

私は学生時代から宮本輝の小説が好きで、ほとんどの作品に目を通しています。とくに初期の「川三部作」と呼ばれた『泥の河』『螢川』『道頓堀川』は、何度も繰り返して読みました。

なぜこの作品が特に好きかというと、文章を目で追うだけで、物語に登場する情景が、まざまざと絵画のように目の前に現れるからです。他作品もそうですが、「Vタイプ」の人は、**宮本輝の作品**に触れると、登場人物が目にしているすべてが手に取るように、脳裏で描写されることでしょう。

A（Audible　聴覚優位）タイプの特徴

聴覚優位の人はロジカルなのが特徴で、私のようなコンサルタントに多いタイプです（私自身はVとAの両方が強いと分析しています）。

Vが絵画的だとしたら、Aは音楽的。

絵画は描くときも、鑑賞するときも、その作品のどこからフォーカスしようと自由ですが（だから話があちらこちらにいきやすい）、音楽は「順番」や「フロー」を守

郵 便 は が き

料金受取人払郵便

牛込局承認

4010

差出有効期限
平成32年 5 月
31日まで

162-8790

東京都新宿区揚場町2-18
白宝ビル5F

フォレスト出版株式会社
愛読者カード係

フリガナ お名前	年齢　　　歳 性別（ 男・女 ）
ご住所　〒 ☎　（　　）　FAX　（　　）	
ご職業	役職
ご勤務先または学校名	
Eメールアドレス メールによる新刊案内をお送り致します。ご希望されない場合は空欄のままで結構です。	

フォレスト出版の情報はhttp://www.forestpub.co.jpまで!

フォレスト出版　愛読者カード

ご購読ありがとうございます。今後の出版物の資料とさせていただきますので、下記の設問にお答えください。ご協力をお願い申し上げます。

● ご購入図書名　「　　　　　　　　　　　　」

● お買い上げ書店名「　　　　　　　　　　　」書店

● お買い求めの動機は?

1. 著者が好きだから　　2. タイトルが気に入って
3. 装丁がよかったから　　4. 人にすすめられて
5. 新聞・雑誌の広告で(掲載誌誌名　　　　　　　　)
6. その他(　　　　　　　　　　　　)

● ご購読されている新聞・雑誌・Webサイトは?

(　　　　　　　　　　　　　　　　　　　　)

● よく利用するSNSは?(複数回答可)

☐ Facebook　☐ Twitter　☐ LINE　☐ その他(　　　　　)

● お読みになりたい著者、テーマ等を具体的にお聞かせください。

(　　　　　　　　　　　　　　　　　　　　)

● 本書についてのご意見・ご感想をお聞かせください。

● ご意見・ご感想をWebサイト・広告等に掲載させていただいてもよろしいでしょうか?

☐ YES　☐ NO　☐ 匿名であればYES

らないと作品として成り立ちません。

ロジックも当然「順番」が肝心で、Ａが優位の人は、**「これが、こうで、こうだから、こうなる」といったように、論理を積み重ねていく思考が得意**です。

ですから、Ａタイプの人は、どちらかというときっちりしている人が多い傾向にあります。以前、ある大学の先生から「数学者には音楽好きの人が多い」と聞いたことがありますが、それは決して偶然ではないと思っています。

Ａタイプにおすすめの刺激

聴覚優位の人は、音楽はもちろんですが、活字情報の処理が得意なので、ビジネス書や実務書といった、**体系化された知識に触れてみる**のもいい刺激になるかもしれません。

Ａタイプの人は、純文学的な小説を心から楽しめる人は多くないかもしれません。「人間探求だかなんだか知らないが、なぜ人間が虫に変身するのか理解できない」「なぜ深淵なる愛を表現するのに、妻を殺さなくてはならなかったのか。主人公のとった行動は単なる犯罪であり、自己中心的な吐露は読むに耐えない」といった分析をついついしてしまいがちです。物語に没入できない人も多いことでしょう。

その点、工学博士の**森博嗣**が書いたミステリ小説『すべてがFになる』は楽しめるかもしれません。驚愕のラストシーンは、きわめて論理的で、すべての謎が解明されるプロセスも一貫性があり、理屈っぽい人でも楽しめる名作と言えるでしょう。

K（Kinetics　体感覚〈触覚・味覚・嗅覚〉優位）タイプの特徴

最後の体感覚優位。

これはまさに「感覚的」と言いますか、**「頭でどう考えるか」よりも「体全体でどう感じるか」を重視するタイプ**です。

慣れたスポーツをするときの体の動かし方は、理屈ではなく体が覚えているものなので「体感覚」という言葉がしっくりくると思いますが、なんとなくいいとか、しっくりこないとか、心がざわつくといった内的な現象も含めてここでは体感覚と言います。

ビジネスで言えば、ロジックよりも直感や感性を大事にする人のことです。

ちなみにNLPには「Eye Accessing Cues」という、眼球の動きでVかAかKかを見定める理論があります。

仮に「昨日の朝、何を食べました?」と聞かれたときに**目が上にいくのは「V」、横にいくのは「A」、下にいくのは「K」**だと言われています。つまり、Kの人は「体に聞く」のです。

なお、この理論はあくまでも「その傾向が強い」という話なので、絶対的なものではありません。あたりまえですが、他人の仕草を1回見ただけで優位感覚を決めつけるべきではありませんが、経験上、感覚的な人や感性重視の人は、**物事を考えるときに「んーー」と下を向く人が多い**と感じています。

例えば私がKの人に向かって「この前、何々があって、こうでこうでこうで、こうだったから、絶対にこうしたほうがいいよ」と論理立てて説明したとしても、Kの人は「えっ⁉」と反応してから「んー、そうなのかな……」と体に聞いて、しばしの沈黙のあと「……なんか違う気がする」「そうかもしれないね」と感覚的な返事をすることが多いのです。

実はこのKタイプも経営者に見られるタイプです。感覚で話されるのでロジックを重視するAタイプからすると、「何の話をされているんですか?」とツッコミを入れたくなる方がたくさんいます。

しかし、それは悪いことではありません。感覚を大事にするからチャレンジできる人もいれば、理屈より人情を重んじるから社員に愛される人もいるわけです。

Kタイプにおすすめの刺激

Kは感覚的なので、旅行に行って現地のおいしいものを食べるといった**「物語的な刺激」**がいいかもしれません。

小説で言えば、**開高健**の傑作『輝ける闇』から引用したい文章があります。一語一句漏らさず、体で感じるように読んでみてください。

暑い。

まるで粥につかったようである。それが腰を浸し、顎を浸し、額をこえてしまった。駒も飯盒もにちゃにちゃに汗ばみ、膿んで、崩れかかっている。酒精が毛穴からにじみだし、腹へ汗がころがりおちる。心も言葉も、すべて硬い物、輝く物、形ある物が犯される。眼もなく耳もない一頭の巨大な軟体動物がうごめいているのである。それはふくれあがって小屋いっぱいになり、壁を這いまわり、夜空までみたしている。数知れぬ足をうごかして暑熱は窓のあたりをひそひそ歩き、あらゆる物に濁った指紋をしるしてまわる。私はぼってりとした大きな海綿になって壁にもたれ、水をにじんでいる。

いかがでしょうか。この文章を読んで、どのように体が反応したでしょうか。

Aタイプの人は、「意味がわからない」「比喩表現がくどい」などと分析したかもしれません。しかしKタイプの人なら、体じゅうに汗をかくほど湿った感覚を覚えたことでしょう。

理屈でわかろうとするのではなく、体が反応するのがKタイプです。

VAKの特徴のまとめ

優位性	主な特徴	おすすめの刺激
視覚優位（V）	・視覚情報への感受性が高い。 ・視覚的な刺激に対して脳が反応しやすい。 ・話があちこちに脱線しやすい。 ・質問されて思い出すとき、目が上にいく。	・「美しい風景を見に行く」など、映像的な刺激を与える。 ・「すばらしい未来を想像する」など、空想の領域も効果あり。 ・物語に登場する情景が浮かぶ宮本輝作品など。
聴覚優位（A）	・ロジカル的で、論理を積み重ねていく。 ・順番を重視する。 ・純文学的な小説を心から楽しめない。 ・質問されて思い出すとき、目が横にいく。	・活字情報の処理が得意なので、ビジネス書や実務書に触れる。 ・森博嗣のミステリー小説など。
体感覚優位（K）	・「頭でどう考えるか」より「体全体でどう感じるか」を重視。 ・ロジックより直感や感性を大切にする。 ・質問されて思い出すとき、目が下にいく。	・「旅行に行って、現地のおいしいものを食べる」など、物語的な刺激。 ・開高健の比喩表現が豊富な作品など。

優位感覚は、環境で変わる

さて、人のVAKのタイプは、組み合わせであると書きました。

しかし、それは決して先天的な要因だけではなく、**環境によって徐々に変わっていく**ものです。

ニューロロジカルレベルの一番下の階層が「環境」だったことを思い出してください。アイデンティティ形成の根幹をなすのは環境です。

特に大きな影響を及ぼすのが、**家庭環境**や**職場環境**など生活の中心となる環境です。

例えば、アパレル業界で働いていれば、自分の服だけではなく、街中の人の服装も気になるようになるので、Vの感覚はどんどん強化されていきます。

これはNLPで**「焦点化の原則」**と呼ばれるものです。ある物事に意識を向けていくと、無意識のうちにアンテナが立つようになるのです。

学生時代までは感性重視のKタイプだった人が、社会人になって経理の仕事に就いたとたん、「数字がすべてだよ」と言い出すような人もたくさんいます。ホワイトカラーの仕事をしていれば、必然的に論理的思考力が求められる場面が増えるので、聴覚のセンサーが磨かれていくからです。

逆に、ずっと仕事をしていた女性が結婚をして子どもを授かり、専業主婦になったとしましょう。私の妻もまさにそうだったのですが、それまでAタイプだった人でも、家庭に入ると徐々にKの傾向が強くなったりします。

1つの理由としては、育児が理屈でこなせるものではないからでしょう。

「今日はどうして機嫌が悪いんだろう」「最近、笑うことが多くなったな。どうしてだろう」

四六時中そんなことを考えていると、論理的思考力が影を潜め、その代わり「感じ取るセンサー」が磨かれていきます。そうして、育児が落ち着き、時間に拘束されない環境になるとロジックを使う場面がさらに減って、昔はそれほどでもなかったお昼のメロドラマが好きになる人も多いことでしょう（もちろん一般論ではありますが）。

ビジネスにおいても、感覚で物事を受け止めるタイプの人、理屈っぽく意思決定する人、いろいろです。

人によって優位感覚が異なることを「知識」として知るだけでも、対人関係において冷静さを保てるようになります。動じない自分、強い自分に近づけるのです。

インパクトが最大化される刺激の基準

自分の優位感覚がなんとなくつかめると、応用が利くようになります。

人によってインパクトのある刺激は、その人の優位感覚によって変わるという話をしました。**優位感覚を意識することで、刺激の強さを自分で調整できるようになる**のです。

ということは、自分の行動習慣にはない体験ほど、インパクトが強くなります。

今でこそ、ずいぶんと習慣化しましたが、1年以上前まで私は「マインドフルネス瞑想《めいそう》」をするのが苦手でした。グーグルやフェイスブックといったグローバル企業が、感情コントロールのために積極的に「マインドフルネス瞑想」の研修を取り入れています。プロのインストラクターの知人がいて、その勧めもあり、何度もトライをしたのですが、私はどうも没頭できません。

手のひらや足の裏、お腹の奥深くに意識を集中させたり、一回一回の呼吸に気をつけて心を落ち着けようとするのですが、繰り返し雑念が入るのです。

「今頃、お客様からメールが来ているのではないか」

「コラムは書き終わっているが、推敲《すいこう》ができていない。いつやればいいか」

「グーグルやフェイスブックは、この研修を取り入れているというが、それはIT企業だからだろうか。製造メーカーの従業員でも効果は同じように確認できるのだろうか」

浮かび上がっては消えていく思考ノイズに苛まされ、マインドフルネスがうまくいきません。挙句の果てには、

「どうしたらこのノイズを消せるのか、いい方法はないのか」

と、瞑想の最中に「解決策」を考え出す始末。

「調身（姿勢を調える）」「調息（呼吸を調える）」「調心（心を調える）」を意識して、深呼吸を繰り返すのがマインドフルネス瞑想の基本です。

体の「感覚」という、言語化できない対象に神経を集中させることができないのは、

私がKタイプではないからでしょう。

だからこそ、私のようなタイプは、あえてマインドフルネス瞑想をする意味があります。

「インパクトの強い刺激になるだろう」ということは想像に難くないからです。

あえて自分が苦手なことを体験する効用

「マインドフルネス瞑想」が効果的かどうかの話ではなく、**自分の苦手なことをあえて体験することで、普通の人よりも大きなインパクトを得られる**、ということです。

そのことで変化耐性がアップすることが重要です。

ですから、自分の優位感覚に合った、何か新しいことを選ぶことに慣れたら、自分の優位感覚に合わないものをあえて選んだほうがいいケースもあります。

例えば「常に感覚で生きています」という人が簿記を勉強しに行けば、心に強い摩擦を覚えることでしょう。

かなりキツイ体験をするはずです。学校へ通えば、数字に強い生徒ばかりと交流することになり、「資産と純資産って、言葉が似てるから間違えちゃうよね」と言っても、誰からも共感されません。

でもあえて不慣れな環境で自分に刺激を与えることによって、「あ、でもこういう緻密さが求められる場面も当然あるよな」と、これまで考えたこともないような捉え方ができることがあります。

そうして、思考プログラムがおおいに書き換わっていくものです。

慣れないものをあえてやる――とは言いますが、実際にはどういうことを挑戦してみればいいかわからない人も多いことでしょう。

慣れないことなら、なんでもいいのかというと、そうではないからです。そこで、優位感覚という切り口で物事をとらえ、自分なりのペースで変化を楽しんでみてください。

私のようにA（聴覚）優位のタイプなら、第2章で書いたインテリジェンスで武装することはしっくりくると思います。

しかし、ロジックだのストラクチャーだのと言われても、よくわからない、イメージができないという人は、言語化できない「体験」をおすすめします。

特に五感をフル活用する体験であれば、よりインパクトの強い刺激を受けることができます。

「外的体験」と「内的体験」

そして体験という、感覚と知覚によって与えられる概念——を「外的体験」と「内的体験」とに分類します。

外的体験とは、「いま」この瞬間、「ここ」で、「わたし」自身が体験しているそれ自体を指します。

したがって、あなたの場合は、この書籍を読んでいること、そのものが外的体験であり、それ以外にありません。

外的体験は、**「いま・ここ・わたし」**で覚えましょう。この体験は必ず自分より「外側」にあります。

一方、内的体験は、自分の頭で考えたり、無意識のうちに想起したりして知覚するすべてを指しています。外的体験とは異なり、自分の「内側」にある体験です。

例えば今、電車に乗って移動しているとします。「いま・ここ・わたし」という切り口で捉えたら、自分の目で電車の窓外を眺めている体験が外的体験となります。

しかし、もしも電車の外を見ているようで、心の中が上の空だったとします。

（昨日、上司に冷たいことを言ってしまった。気にされているだろうか）

（今日の商談は緊張するが、成功したら今月の目標は達成するはずだ）

（子どもが来年から社会人になる。ちゃんとやっていけるのか心配だ）

ポジティブであろうが、ネガティブな内容であろうが、過去のことであろうが、未来のことであろうが、**自分の「内側」で体験することをすべて「内的体験」**と呼びます。

友人とケンカしたことを思い出し、その声が聞こえたり、顔や表情が頭に浮かんだりしたら、その「内的体験」の深みが増します。

つまり、インパクトが高まるということです。

先ほど「マインドフルネス瞑想」のことを書きましたが、自分の体の感覚や呼吸に意識を向けているときは「外的体験」をしている状態と言い、ついつい頭の中で過去や未来のことをイメージしてしまうときは「内的体験」をしている状態と受け止めればいいのです。

人生は「内的体験」が９割

おそらくここで多くの人がお気づきだと思います。

私たちのほとんどは、常に「内的体験」ばかりをしているということです。人生の９割は「内的体験」で占められており、今目の前で起こっていることを体験している割合は１割にも満たないと言われているのです。

ということは、過去の体験の「インパクト×回数」でできあがった**私たちの思考プログラムは、「内的体験」を変えることでいかようにもできる**ということなのです。

インパクトは、総じて「外的体験」のほうが強くなりますが、何度も頭の中で反芻《はんすう》する「内的体験」は繰り返し味わってしまいます。

自分を強くするために、または変化耐性をアップさせるためには、日頃から何か新しいこと――SOMETHING NEWを心掛けるべきです。
私のように理屈が好きな人は、本を読むだけでも脳に刺激を与えることができますが、そうではない人は、積極的に何か新しい行動をしていきましょう。
どんなことでもかまいません。自分の「外側」にある体験を通じて、思考プログラムにいい刺激を与えていくのです。
感覚肌の人――Kタイプには特におすすめです。

ネガティブな考えが、勝手に追いかけてくる「内的体験」

理屈がわかっても、なかなか行動に移せない人がいます。

いろいろな本を読んだり、ありがたい話を聞いて、「たしかにそうだ、そのとおりだ、自分でも変わることができる……」

そのような確信を持てるのですが、いざ「何か新しい行動」をしようと思うと、とたんに体が重く、その気になれないのです。

問題はどこにあるのか？

決して、**性格が問題ではない**のです。

ネガティブな考えが次から次へと頭の中を駆け巡ってしまう人がいます。

どんなに抗っても、どんなに逃げ回っても、自分の意志とは関係なく、後ろ向きな思考ノイズがまるでストーカーのように追いかけてくるのです。

私もそういうときが過去、頻繁にありました。

「なんで私ばかりこういう目に遭うのか」

「何をやってもうまくいかない」

「あの人のあのひと言で、本当に傷ついた」

順風満帆な人生などないので、いろいろ悩むこともあると思います。

このアレコレ悩む体験そのものが、「内的体験」の1つです。

私は以前、自分を苦しめるネガティブな妄想が頭を駆けめぐり始めたら、右の太腿を思いきり手で叩き、その痛みで我に返るよう仕向けていました。

しかし、どんなに太腿をひっぱたいても、止まらないときは止まりません。痛みで歩けなくなるほど太腿を叩いたこともありますが、ムダな努力でした。自分の意識で、一度できあがった思考プログラムに抗うことなど、できないのです。

想像力が高い人ほど、「内的体験」を意識する

外的体験と内的体験の決定的な違いは、その体験を選択する要因です。

どちらも自分の意志とは無関係のケースもあります。

外的体験のほうが、自分の意志は反映されやすいものです。気が進まないことはやらないという選択ができます。

しかし、**内的体験のほうは、どんなに気が進まなくても、無意識のうちに体験してしまう**ことがあります。

例えば、苦手な上司がいたとしましょう。その上司とは話をしたくない、できれば会うのを避けたいと思うなら、そのような選択もできるかもしれません。

しかし「いま・ここ・わたし」は体験しなくても、つい先日、その上司から叱責さ

れた記憶を何かのきっかけで呼び起こしてしまうこともあります。

抵抗しても、頭の中でリフレインし、過去だけでなく、未来の内的体験をも連鎖的に想起し、

「今後、上司とはずっとうまくいかないのではないか」「来週の会議では、みんなの前で名指しで叱られるのではないか。いくらなんでも、そこまではしないだろうか。いや、過去にそのような仕打ちを受けた人もいると聞いている。あり得る話だ……」

と、過去から未来へ、そして未来から過去の出来事をランダムに脳から引っ張り出し、あることないことを「いま・ここ・わたし」が体験し続けるのです。

当然、目の前の出来事のように鮮明ではないですから、インパクトは弱いでしょう。しかし、このような**追体験は、繰り返し自分を刺激することになるため、短期間で思考プログラムが強固になっていきます**。

思考プログラムは、何らかの入力（刺激）があったら、自動的に出力（反応）を決めるため、いったんプログラムができあがると、なかなか自分の意志では、プログラムを書き換えることはできません。

そのため、自分の意志によって、インパクトある体験を重ねて、思考プログラムを

徐々に変容させることが大事なのです。

意志を使って、未来の体験を先取りする

強い人というのは、自分の意志で感情のコントロールができる人を指します。

意志力が弱い人は、自分の意志ではなく、過去の体験の「インパクト×回数」でできた思考プログラムに操られていると受け止めます。

単なる脳の「反応」で物事を判断するのではなく、自分の意志を使うようにすれば、意志力は鍛えられていきます。

目の前の体験（外的体験）に振り回されることなく、その行動をとったあと、どのようなことが起こるのか、頭の中で想像し、まず体験（内的体験）をしてみるのです。

「わかっちゃいるけど、なかなかできない」という事柄を、実際にやってみたとき、どんな体験をするのかイメージしてみます。

例えば医師から止められているのに、おいしそうなケーキを買って食べようとしている自分がいたとします。いつも食べたあと、激しい自己嫌悪に陥るのであれば、未

来の体験を先取りしてみます。

言葉を思い浮かべただけだと、体験したとは言いません。ケーキを食べるプロセスもきめ細かに想像し、胃の中に入ったケーキの重みまでしっかり感覚で覚えると、まだ買って食べてもいないのに、

「なぜ、食べたんだろう」

「また自分に負けた」

という嫌悪感を味わうことになります。

私も同じです。体が強くないのだから体を鍛えたほうがいい、腰痛がひどいのだから定期的に歩いたほうがいいとわかってはいても、なかなかできませんでした。

しかし今では、月に100キロ走り、トレーニングも重ねて、1年に1回も風邪をひかない体を手に入れました。飛行機や新幹線で全国を移動し、何日間も連続して長時間の研修をしても、体力が続くようになったのです。

経営者の知人が増えると、休日のゴルフや交流会などに誘われることも多くなります。以前ならあまり考えず、「誘われた以上は断れない」という理由で受け入れてきましたが、今は違います。

冷静になって考えます。そして**未来を想像し、どのような選択をしたほうがベターか先に体験する**のです（言葉を使って考えるだけでなく、事前に頭の中で体験し、そのときの感覚を先に味わっておくということです）。

そうすることで、今日は子どもの勉強を見るために家にいたほうがいい。1カ月に1回は両親の家へ顔を出すと決めたはずだった。親父は私の顔を見ると文句を言うだけだが、それでもこのルーティンは守ったほうがいい。

このように判断し、誘いを断ることも増えました。

外的体験と異なり、内的体験は自分の意志さえあれば、頭の中で体験できるものです。その体験を通じて行動をより自分が望む方向に変えていくことで、自分に自信がついていくのです。

あとで追体験できそうな「外的体験」を自ら開発する

内的体験と外的体験の関係性でぜひ覚えておきたいのは、**外的体験は1回きり**かもしれませんが、そのインパクトが強いと、それを自然と何度も思い出すということです。

「思い出す」という行為は、内的体験そのものです。

例えば以前、私は何か新しいこと（SOMETHING NEW）をしてみようと、経営者仲間たちと「滝行」を企画しました。一度だけ経験しても理解できないだろうから、年に4回は滝行をしてみようとツアーを組んだのですが、そのうちの1回、神奈川県にある酒匂川の支流で行なわれた滝行体験は、私にとって忘れられないインパクトを与えてくれました。

論理思考が強い私です。「滝に打たれる＝精神が鍛えられる」という理屈は、まるで筋の通らないロジック。到底受け入れられるものではありません。

しかし、あえて自ら滝行を体験してみたいと言い出したのは、自分の変化耐性をアップさせる「SOMETHING NEW」としては、絶好の刺激になると考えたからです。

「落差23メートル」もある滝に打たれたときの衝撃は、まるで柔らかいコンクリートの塊が頭や肩に落ちてくるのではないかと思えるほど激しいもので、一週間以上も脳天や首筋、両肩に残り、繰り返しあのときの「感覚」が思い出されるのです。

「本当にきつかった。でも、やりきったあとの達成感は格別だった」

「滝に打たれるまで待たされている間に覚えた恐怖感は、想像以上だった」

あのときの映像と感覚が、いつまで経っても、脳内でリフレインするのです。

つまり、強烈な「外的体験」は、「内的体験」をオートマティックにいくつも生成します。

この**追体験が自分を変えていく**と理解します。

このように、あとで何度も追体験するであろう外的体験を自ら開発することも、自分を強くするうえで必要な技術です。

苦手なことをあえて引き受け、徹底的に準備する

私が心掛けていることを1つ紹介します。

それは、**苦手なことをあえて引き受け、徹底的に準備して臨む**ことです。

例えば、人前でのスピーチがそうです。

1時間や2時間の講演であれば、突然テーマを出されても話すことができますが、2分か3分で終わるような短いスピーチは大の苦手。聴いている人の頭が整理できるように、美しくまとめて話すことができません。

ですから、スピーチを引き受けたときは徹底的に準備します。台本を書き、タイマーで測って本番まで練習を繰り返します。お風呂に入っているときや、ウォーキングしているときなどに声を出して確認し、時間内に終わるか、無駄のないまとまったスピーチになるかをチェックし続けます。

苦手なことですから、満足のいく出来になるのは5回に1回ぐらいでしょうか。

しかし、だからこそ成功したその1回は、何度も何度も頭の中をリフレインするぐらいにうれしい体験となります。

慣れていることだけでなく、ちょっと逡巡するような不慣れなことにも積極的にチャレンジしてみてください（決して滝行をおすすめしているわけではありません）。

そして、**自分にとってインパクトの強い刺激の規則性のようなものを見いだして、内的体験によって、それをさらに増幅**してください。

想定外のことが起きても感情コントロールができ、変化耐性が確実についてくるはずです。

ポジティブな「SOMETHING NEW」、ネガティブな「SOMETHING NEW」

どのような「SOMETHING NEW」が、変化耐性をアップしてくれるのか。前述したとおりVAKの軸もありますが、「ポジティブ」「ネガティブ」という軸もあります。

何か新しいことをやるわけですから、ほぼすべてのことが「不慣れ」です。例えば、本を読まない人にとって読書は不慣れ。どちらかと言うと**「後ろ向き――ネガティブで避けたい体験」**かもしれません。

しかし、ビジネス書をよく読む人が歴史書を読むのは、不慣れとはいえ、それほど「ネガティブ」ではないかもしれません。それどころか、

「歴史書はほとんど手に取ったことがないが、何か新しい発見があるかもしれない。ビジネスのヒントも得られるかもしれないのだから、楽しみだ」

と、**「前向き――ポジティブ」**に新しい刺激を手に入れられることもあるはずです。

私は自らすすんで美術館を訪れることはありませんが、誰かから誘われたらうれしくなるかもしれません。

ですから、このようなSOMETHING NEWは「ポジティブ」に受け止められます。

しかし、アイドルグループのコンサートに誘われたら、かなり戸惑います。いくら「何か新しいこと」と言っても、50前の私には場違いだと思ってしまうからです。

それでも自分の変化耐性を上げるために体験しておこうと思ったら、渋々付き合います。

ですから、このSOMETHING NEWは「ネガティブ」と表現します。

当然、楽しみだと思えるSOMETHING NEWより、気が進まないSOMETHING NEWのほうが、インパクトが強いものです。

私がアイドルグループのコンサートへ行って、若者たちと一緒に楽しんだら、その後何度もこの体験を思い返すことでしょう。

「内的体験」が何度もオートマティックに蘇り、「この年になっても、ああいう場所へ行けた」「周囲の目が気になって仕方がなかった。今思い返しても照れ臭い」と追体験をすることでしょう。

なお、**SOMETHING NEWは、体験したあと「良かったか／悪かったか」で判断しません。**

あとで何度も思い返すかというファクターだけです。

当然ですが、誰かに迷惑をかけるようなこと、信念に反するようなことをするのは間違いです。

自分を追い込む必要はない

ここで注意したいことは、**「むやみにネガティブな刺激にこだわる必要はない」**ということ。

私の過去がそうだったのですが、大企業でのSE職を離れ、縁があって営業コンサルタント職を始めた時期は、本当にきつい時期でした。35、36歳の頃の話です。

たとえれば、飲食店で働いたこともないのに、レストランやステーキハウス、寿司屋、喫茶店など、いろいろな飲食店の経営支援をするようなものです。すべてが手探り。毎日、気が進まない仕事に明け暮れ、勉強をし、話したこともない職種の人たちと会話し、ネガティブな刺激を浴び続けました。

体調も悪化し、家庭もあまりうまくいかないし、ライフワークとして続けていた知的障がい者のボランティア活動も休みがちとなりました。会社からの期待にも、クライアント企業からの要望にも応えられず、まさに四面楚歌の状態。

こういったときに、さらにネガティブな刺激を得ようとしても、刺激に慣れてしまう「刺激馴化《じゅんか》」という現象が起きているので、実はあまりインパクトがありません。

そういうときは、思いっきりポジティブなSOMETHING NEWが効き目があるのです。

当時の私の場合、それはたまたま、国内の歴史的建造物に触れるツアーに参加することでした。

神戸にある、和と洋の名建築を巡るツアーがあり、妻の強い勧めもあって、気晴らしにいいかもと思い、一人で参加したのです。とりわけ建築学科の大学生たちとの交流が、自分も同じように学校で建築を勉強していたころを思い出させてくれました。

ツアーが終わったあとの交流会も楽しかった。

正直なところ、

「こんなに楽しくお酒飲んだのは、何年ぶりだろう」「楽しすぎて家に帰りたくない」と、自分でも驚くほど素直に感じられたのです。

何もかもうまくいかず空回りして、「まったく成果の上がらないコンサルタント」にアソシエイトしていた私にとって、共通の価値観やセンスを持った方々との交流で感じた些細な幸福感は、当時の自分から脱皮する大きなきっかけになりました。

すべての未来は明るいと思えた高校生の頃にタイムスリップし、その時代にアソシエイトできたことが良かったのです。

現在の状態と真逆の「SOMETHING NEW」を選ぶ

ですから、もし毎日が息苦しい状態が続いている人は、「普段はしない気晴らしをしてみる」とか、失敗が重なって落ち込んでいる人なら「小さな成功体験を積み上げられるような何かをする」といったように、自分が毎日味わっている感覚とは真逆の刺激が受けられるチョイスをするのもいいでしょう。

普段ストレスが溜まる毎日を送っている人なら、ポジティブなSOMETHING NEWを探します。いつもやっている気晴らしではなく、何か新しい体験、何か新しい場所、人、音楽、書物、アート、ファッションに触れてみるのです。

一方、**ストレスのない毎日を送っている人は、あえてネガティブなSOMETHING NEW**を選んでみます。生理的に受け付けないことではないけれど、普通ならやらないこと。いい刺激にはなりそうだが、あまり気乗りしないことをしてみるのです。

現在の私はそうです。「いろいろなことがうまく回っている」と感じられるため、あえて気分が乗らないSOMETHING NEWを選択することが多くなっています。

これまで15冊以上の書籍を出版し、コラムニストとしてネットでも顔が売れ始めると、私は一時期高級なホテルやレストランにばかり足を向けるようになりました。欧米人しか出入りしない銀座の店に入り浸ったり、経営者からの紹介がないと入店できない料亭で食事をする日々もありました。

気持ちが大きくなったからでしょう。芸能人御用達の会員制スポーツジムに興味を持ち、ドバイのコンドミニアム投資の話に耳を傾けたりしていると、過去に体験したことがないような幸福感を覚えました。

どん底から這い上がった自分には、無限の可能性があるのではないか。地に足がつかない時期がしばらく続きました。

ところが、少しずつ刺激馴化という現象が起きます。

どんなにおいしいお寿司を味わっても堪能できなくなります。テレビのコメンテーターとして活躍している著名な方を紹介してもらっても、瞬間的に有頂天になるだけで、後々にも追体験するほどのインパクトは覚えなくなります。

元々、貧乏長屋で飲んだくれの父のもとで育ち、青年海外協力隊で3年も中央アメリカにいたような私ですから、このようなSOMETHING NEWが私を幸せにし続けるはずがないのです。

新しい刺激が、自分の思考プロセスの硬直化を防ぐ

思考プログラムは過去の体験の「インパクト×回数」でできています。思考プログラムが異なる以上、どんな刺激がどんな感覚を誘発させるかは、人によって違います。

今でも出張したとき、たまにはカプセルホテルでコンビニ弁当を食べたり、アウトドアグッズをビジネスホテルに持ち込んでラーメンやカレーライスを自作したりします。場末のビジネスホテルの、隣のテレビの音が漏れ聞こえるような部屋で一夜を過ごすのは、今の私には少し耐え難いものがあります。

以前なら何も感じなかったのに、贅沢を覚えたせいで思考プログラムが変わってしまったからです。

ですから、時折ネガティブなSOMETHING NEWが必要なのです。

こうすることで、動じない性格ができあがっていきます。

右へ行っていたら左に、下へ向かっていたら上に。

新しい刺激を常に与え続けるのは、**自分の思考プロセスを硬直化させないため**です。絶えず刺激を与えてほぐした状態にすることで、現状維持に走ることが回避できます。

変化耐性を落とさない方法

何か新しいことをチャレンジするときは、やって終わりではなく、それをした結果、感覚にどんな変化があったのか振り返ってみることをセットにします。

例えば、私は、あえて厳しい講師を選んで学びに行きます。職業柄、15年近く、私は「指導する側」のほうに立っていますが、たまには「指導される側」に回らなければならないと自分に言い聞かせています。

しかも、相手がベストセラー作家であろうが、北海道から九州まで、全国8エリアに会員を持つ「絶対達成社長の会」の代表であろうが、容赦することなく激しく向かってくる講師がいい。それなりに知名度が上がってしまうと、私にとやかく指摘する人がいなくなります。「横山さんがそう言うなら、それでいいんじゃないですか」と相手に思わせてしまう肩書きを手に入れてしまったのです。

ですから、

「そんなレベルで満足しているなんて、怠けてるとしか言いようがない」

「あなたの10倍、100倍スゴイ人は世の中にいくらでもいる」

とビシッと言う講師に会うと、かなりの居心地の悪さを覚えます。

正直なところ傷つきますし、もうこの講座には参加したくないと思うこともあります。以前は、毎日のように周囲の人からダメ出しされていたのに、今では「すごいね」「すばらしいね」「さすがだね」――の3S誉め言葉しか言われなくなったから。心が折れそうになりますが、歯を食いしばって通います。

オリンピックに出場するような選手でさえ、コーチの激しい指導を耐えながら鍛錬しているのですから、**厳しく言われないような立場になったら、変化耐性は落ちていきます**。

30歳を過ぎ、40歳や50歳となって、それなりに社会的地位が高まると、それほど強い変化・成長を求められなくなっていきます。

しかし、「人生100年時代」なのです。私はまだ49歳。人生の折り返し地点にも差し掛かっていないのに、変化への習慣がなくなってしまっては、先の50年以上が思いやられます。

一つひとつリフレーミングしていく

変化を続けたら、ある対象への自分の解釈や反応の仕方が少しずつ変わっていきます。

これを**「リフレーミング」**と言います。

生まれたばかりの赤ちゃんならまだできあがっていないので、思考プログラムは非常に柔らかい。

でも、一度固まったものを別の形状にするためには、いったん柔らかくするしかないのです。

だから、**インパクトの強弱を意識して「DO SOMETHING NEW」を繰り返しながら、リフレーミングをし続ける**必要があるのです。

もしその結果「これって意外にいいぞ」と感じられる事柄が増えていくことを実感できたら、人生の選択肢が増えていくような感覚が味わえるはずです。

人を劇的に変えるきっかけは、予想外にやってくる

私が主宰する「絶対達成社長の会」は、今、日本全国で600人を超える会員がいます。

この会の理念は、「高い目標を設定し、その目標を絶対達成しようとする経営者やビジネスパーソンを支援して日本経済を発展させ、社会に貢献すること」。

経営者たちが朝7時に各地で集まって事業計画などをプレゼンし、それを有言実行していくことが、この会のメイン活動です。

「あそこに行けば気合いが入る」「目標を達成するのがあたりまえになる」

そんな特殊な環境を提供しています。

当初は、十数人でスタートした会がいつの間にか規模が大きくなり、支部の数も8カ所を超えると、当然、組織化が進みます。すると、会の理事や幹事、サポーターズといった機能別組織へと進化し、さらに「絶対達成ランニングクラブ」や「絶対達成

ジム」といったクラブ活動がいくつも立ち上がると、複雑なマトリクス組織へと形を変えていきました。

エリアごと、機能ごと、階層ごとに主要メンバーが自然と出現し、それぞれが活躍し始めると、そうしたメンバーが声を揃えて「まさか経営者である自分がボランティア組織の運営に回るとは思わなかった」と言います。

しかも、「いい経験になっている」と、ほぼ全員がそれを肯定的に捉えているのです。

これも一種の偶発的なきっかけから新たなアイデンティティが生まれ、肯定的にリフレーミングした例と言えるのではないでしょうか。

また、私の知り合いに、普段は会社員として働いているのですが、副業で不動産投資を始めて、3億円ぐらいの不動産資産を持っている30代前半の方がいます。

もちろん融資を受けていますが、ゼロから始めてその年齢で3億円ですから、かなり順調に推移していて、不動産投資の講師などもされています。

不動産投資で成功されている方はたくさんいますが、元々はお金に対して潔癖すぎるところがあって投資とは無縁の世界にいたことが、その彼のおもしろいところです。具体的なきっかけについてはここでは割愛しますが、結論を言えば、たまたまインパクトのある知識を身につけたことでお金に対する偏見が瞬時になくなり、たまたま始めた不動産投資でコツをつかんで、そこから完全にハマッてしまったということです。

ですから、本人としては、今の経済的な成功はまったく狙ったものではありません。もちろん元々投資のセンスがあったからこその成功でしょうが、その才能も、お金に対する本人の考え方が変わらなかったら気づくことがなかったはずです。

こういう話が私のまわりではたくさんあります。

偶発的なきっかけで、自分の本領を発揮できる分野に出会った、ということです。しかし、これも常に新しいことを計画的にやってみようとしていなければ出会わなかったことです。まさに「プランドハプンスタンス」の典型例と言えるでしょう。

お金儲けのことばかり考えていたが、世界で起きている貧困問題を知識として知って心が動かされ、慈善活動に熱を上げているという知り合いもいます。

コツコツ働くこと、投資でお金を儲けること、ボランティアに勤しむこと。その選択には良いも悪いもありません。

大事なことは、いずれもあるきっかけを機に自分の考え方や言動が変わり、さらに今は幸せを感じながら毎日を過ごしているということです。

私もそうです。転職した当時は営業コンサルタントとして著名になりたいとか、本を出したいといった、身の丈を超えた大望などまったくありませんでした。

「今の自分じゃなければどんな自分でもいい。変わりたい」と思っていただけです。

多少ハードなことはありましたが、気の進まないことも頑張ってみたら成果が見えて、それが周囲から思った以上に評価され、もっと上を向いてみたいと考えていたらいっそう成果が出て、**知らず知らずのうちに未知の場所にまでたどり着いていた**ということです。

そもそも営業職に対してはものすごい先入観があり、学生時代、私の中ではなりたくない職業第2位だったのです。

ちなみに、第1位は体が貧弱だったこともあってプロレスラー。それに次ぐ第2位ですから、かなり苦手意識があったということです。

そんな自分が今では営業コンサルタントとして営業部隊を指導する側に回っています。

この劇的な変わりように一番驚いているのは私自身です。

あれだけ営業を毛嫌いしていた私ですが、今なら「生まれ変わっても営業に携わりたい」と心の底から思いますし、とにかく充実した毎日を送っています。

それが、たまたまの連続で今の自分があるとしても、何の負い目も感じません。

きっかけは結果論。だからこそ探し続ける

DO SOMETHING NEW を習慣にすることのメリットは、思考プログラムを柔らかくすること以外に、**自分が変わっていく、自分が強くなっていくきっかけそのものとの遭遇率を上げる効果**もあります。
「きっかけ」というものは、考えれば考えるほど奥深いものです。

例えば私が取材を受けるときにほぼ毎回話題に上がるのが、私の異色のプロフィールです。

「横山さんって35歳までＳＥをされていたということは、営業経験がないんですよね？」と少し怪訝《けげん》な表情で聞かれるのです。

世間一般の考え方からすると「○○コンサルタント」という仕事は、ある特定の領域のプレイヤーとして絶大な実績を残した人が現場を退いたあとになるものだという認識があるからでしょう。私のように急に畑違いの分野に入っていって結果を残しているという事実が、なかなか理解しづらいのです。

そこで必ずセットで聞かれるのが、「きっかけ」です。

「何がきっかけで営業コンサルタントとして開眼されたんですか？」と。

あえて答えるなら、ＮＬＰとの出会いということになるでしょうが、きっかけを聞かれると正直、多少返答にためらうことがあります。

なぜなら、私がそこで質問に答えたところで、読者にとっては再現性がないからです。

ここは本書の重要なメッセージなので強調しておきたいのですが、**「きっかけ」というものは結果論**です。行動を起こしてそれが何かしらの転換点となったときに初めて「きっかけ」と認定されます。

ある人物と出会ったとか、あるドキュメンタリー番組を観て感動したとか、大病を患って人生観が変わったとか、そういった転換点はすべて偶然です。

よって、**きっかけは基本的に狙って得られるものではありません。**

私自身もすぐに営業コンサルタントとして結果を出せたわけではなく、相当空回りし、遠回りしてきた過去があります。

そうした本質的な話にまで踏み込んで記事に盛り込んでもらえるなら喜んで答えますが、単純に記者さんが読者に参考になる答えを求めているなら、「自分を変えていくきっかけを探そうとしたことがきっかけ」という答えが、最も誠実で的確な回答になるのかもしれません。

「これをすれば、すぐに何かが変わる！」といったうまい話など、世の中には存在しません。

ただし、**「きっかけをつかみやすくする方法」や「新しい自分に生まれ変わるため**

の近道」は確実にあります。それは自信を持って言えます。

過去の「きっかけ」の共通点を探る

ここで、簡単なエクササイズをしていただきたいと思います。

自分が成人してから「自分が変わったタイミング」を思い出していただきたいのです。

例えば、川はまっすぐに流れません。曲がりくねって蛇行するようにできています。これと同じように、私たちの人生も、直線で描かれることはほとんどありません。

自分が変化した「きっかけ」には何らかのパターンがあり、そのパターンを分析していきます。

そうすることで、硬直した思考プログラムを柔らかくするような、何らかの「きっかけ」を見つける手掛かりになることがあります。

あなたの過去を振り返ってみましょう。必ず何らかのタイミングで人生のターニングポイントを体験しているはずです。それを見つけて、客観的に鑑賞してみるのです。
最低、3つは書き出してみましょう。

どんな些細なことでもかまいません。
例えば、このような感じです。

＝＝＝＝＝＝＝＝＝＝＝＝＝＝＝＝＝＝＝＝＝＝＝＝＝＝＝＝＝＝＝＝＝＝＝＝＝＝

小学生のときはサッカーをやっていたが、中学校からはバスケットボールに打ち込んだ。高校2年でバスケットボール部を辞めてロックバンドのベースを担当し、文化祭で舞台に立った。高校を卒業してからはミュージシャンを目指して、4年間フリーターをしていたが、22歳で印刷会社の営業になった。

＝＝＝＝＝＝＝＝＝＝＝＝＝＝＝＝＝＝＝＝＝＝＝＝＝＝＝＝＝＝＝＝＝＝＝＝＝＝

次に、なぜそのように自分が変わったのか。
その**「きっかけ」を書き出します。**

どうしてサッカーをやめてバスケットをやろうと思ったのか……。たしか、中学のサッカー部の先輩が怖かったから、友だちと一緒にバスケに転向したはずだ。バスケは好きだったが、試合で怪我をしてから部活をさぼりがちになって、仲のいい友だちに誘われて、それほど興味もなかったバンド活動を始めた。印刷会社に勤めたのは、単純にお金がなくなったから。当時、付き合っていた彼女や親からバンドをやめてほしいと言われても耳を貸さなかったのに、車が壊れて、買い替えようとしたときにお金がなかったから、やっぱり働こうって決めた――。

振り返ってみればわかります。人生の流れを変えたものが、それほど大きな「きっかけ」であることは稀です。

ちょっとした出来事がきっかけで、川の流れを変化させるほどの決断をしているものなのです。

ここで知ってほしいことは、**映画や小説で登場してくるようなドラマティックな「きっかけ」が、必ずしも自分を変えるわけではない**ということです。

次に、自分の思考パターンに変化を及ぼしてきた刺激に**規則性はないか、考えてみましょう。**

＝＝＝＝＝＝＝＝＝＝＝＝＝＝＝＝＝＝＝＝＝＝＝＝＝＝＝＝＝＝＝＝＝＝＝＝＝

サッカーよりもバスケを選んだのは、たしかに厳しい先輩のもとでしごかれるのはイヤだという理由もあるが、意外とバスケ部のユニフォームのほうが気に入っていた、ということもある。

ロックバンドに加入しようと決断したのも、バンドのロゴマークが気に入っていた。実は他のバンドからも誘われていたが、決め手はあの「ロゴ」だった気がする。

印刷会社を選んだのも、候補だった転職先の中で一番ホームページがカッコ良かったからだと思う。働いている社員が若そうだったし、女性も多く、みんな爽やかな表情で仕事をしていた。待遇とかそういうことじゃなく、なんかいいと思った。

＝＝＝＝＝＝＝＝＝＝＝＝＝＝＝＝＝＝＝＝＝＝＝＝＝＝＝＝＝＝＝＝＝＝＝＝＝

決め手は、ほとんど些細なこと

大きな決断をした理由は、あとで何とでもお化粧をすることができます。

私も青年海外協力隊に参加した理由、帰国後システムエンジニアとして日立製作所に再就職した理由、経営コンサルティングファーム・アタックスに転職した理由、いくらでも大義を見繕って語ることはできます。

しかし、その**「決め手」を掘り下げていくと、実はほとんどは些細なことがきっかけ**です。

それを見抜けるかどうか。

自分の意志で人生の流れを変えてきた人であるなら、自分を強くする必要などありません。

なぜそのような決断をしたのか、なぜその道を歩んできたのか、自分自身が一番よく知っているはずです。

もっと強くなりたい、ちょっとやそっとのことでは動じない精神力を手に入れたいと思っている人は、明確な自分の意志で人生の流れを変えてきたのではないのです。

だからこそ、このように掘り下げて自己分析する必要があるのです。

「きっかけ」は、だんだん大きくなる

自己分析し、**きっかけのパターン化**ができたら、**インパクトの強そうな刺激を意図的に絞り込み、少しでもきっかけとの遭遇率を上げる**ことができます。

それに「今までこうだと思っていたものが、意外にそうでもなくなってきた」ということをちゃんとロジックで確認していくことで、自分が新しく変わってきている事実を理解することもできます。

それは間違いなく自信になります。

ちなみに、きっかけは点でなく、雪だるま式に膨れ上がっていくことがほとんどだと知っておきましょう。

最初は小さな点だったものが、いずれ球体になって、その球体がさらに大きくなっていって、雪だるまみたいに大きなものになっていく。

ちょっとした誰かのひと言で新しいことをやってみたら、その新しいことがきっかけで成功体験をつかんで、その成功体験のおかげで誰かと縁がつながり、その人と何か新しいことをやり始めたら、また味わったことのない成功体験が……といったケースがほとんどなのです。

できれば、そういう連鎖まで分析できると効果的です。

公開！「きっかけ」を構成する53の要素

きっかけの分析をしていただく参考になればと思い、**具体的にどのようなタイプのきっかけがあるのか分類**してみました。

これらの分類は「きっかけ」を構成する要素（ファクター）を抽出してあり、実際の「きっかけ」はこれらの要素の組み合わせでできていると捉えていいでしょう。

あなたがこれまでどんなきっかけで変わってきたのか自己分析するときは、どんな要素が絡んでくるケースが多いのかまで分析すれば、精度が高まりやすいと思います。

例えば友人が「自分を変えたいならやっぱり旅だろ」と助言してくれたとしても、

さまざまな「旅」の種類があります。

目的は何か？　ネガティブかポジティブか、どんな刺激を受けるのか？　どのような優位感覚の人と行くのか？　どの節目で行くのか？　何らかのイベントと絡めるのか？

そうした要素によって、きっかけの遭遇率は変わります。

人によっては、静かな環境で自分を見つめ直すことがきっかけになる人もいれば、アクティブに経験をすることがきっかけになる人もいるのです。

「人」というファクター——「きっかけ」を構成する要素①

◉家族・親族（親、兄弟、子ども、親戚など）
◉恋人・配偶者
◉友人
◉先生・講師
◉先輩・上司

◉著名人
◉仲間（同じ目的を共有する者）
◉架空の人物（映画や小説、マンガなどの登場人物）
◉巡り合わせによって知り合った人
◉その他（名も知らぬ通りすがりの人、テレビで見かけた人など）

「人を変えるのは人である」。

これは紛れもない事実だと思います。直接会って話を聞いたりすることで変化のきっかけをもらうこともあるでしょうし、本やテレビといった「媒体」を通じてその「人」を知り、自分を変えるきっかけを手に入れることもあります。

日常的に顔を合わせる人（家族や友人、上司など）がきっかけのファクターになる場合は、多くのケースで何らかのイベントとの組み合せが必要と言えるでしょう（恋人との別れ、子どもの誕生、先輩からの叱責など）。

逆に日常的に会わない人（著名人、テレビで見かけた人、旅先で知り合った人など）は、その出会い自体が「きっかけ」になりやすいとも言えます。

「イベント」というファクター——「きっかけ」を構成する要素②

- ◉入学
- ◉卒業
- ◉就職・転職
- ◉退職
- ◉就任（リーダーやマネジャーなど）
- ◉昇進
- ◉結婚
- ◉出産
- ◉旅行
- ◉期間限定のプロジェクト
- ◉離婚
- ◉死別

「イベント」は変化の転機になりやすいものです。

入学や就職や転職。もしくは新たなプロジェクトを任されたり、昇進したりすることを機に変わる人がたくさんいるのは、やはり環境が強制的に変わるからです。

出会いがきっかけになる人もいれば、別れがきっかけになる場合もあります。卒業、退職、離婚、死別なども、人が大きく変わる「きっかけ」をもたらすことがあります。自分が何者であるのかというアイディンティティに変化をもたらす事件だからです。

「体験」というファクター——「きっかけ」を構成する要素③

- ◉成功
- ◉失敗・挫折
- ◉発見・気づき
- ◉消失

体験とは、まさに脳に対するインパクトそのものですから、変化のきっかけになりやすい要素です。

例えば、何かのプロジェクトを任されたからといって人が変わるわけではなく、そこで今まで経験したことがない成功や失敗があったからこそ、変わるきっかけになることがあるのです。

もしくは、例えばテレビから流れてくる世界の惨状、戦争で苦しむ人たちを見て何かに気づく（発見）こともありますし、大事なものを失う強烈なインパクトによって変わるきっかけを手に入れることもあります。

「対象」というファクター――「きっかけ」を構成する要素④

◉お金
◉モノ
◉サービス

「借金が膨らんだ」もしくは「大金を手に入れた」。お金に関することはインパクトが大きいので、きっかけになりやすいものです。

同じように、形あるモノを手に入れることや失うことで変わる人もいます。無形のサービスに触れることが「きっかけ」になる人もいるでしょう。

「場所」というファクター――「きっかけ」を構成する要素⑤

●家族の場所（家など）

●学ぶ場所（学校や研修所など）

●働く場所（オフィス、店舗、工場など）

●エンターテイメントの場所（コンサート、スポーツ観戦の場所など）

●仲間との場所（ボランティアや社会活動をする場所など）

●非日常の場所（旅行先など）

日常的な場所は刺激が少ないので、何らかの「イベント」や「体験」が組み合わされないときっかけになりづらいものです。きっかけとの遭遇率を上げるためには、率先して特別な場所に出かけてみることは理にかなった話なのです。

「媒体」というファクター――「きっかけ」を構成する要素⑥

●本
●テレビ、ラジオ
●新聞、雑誌
●ネットの情報
●ブログやSNS（フェイスブック、ツイッター）
●講演など

いわゆるインテリジェンスで武装する際の媒体にも、さまざまなものがあります。特にインパクトのある媒体は「人」を介したもの。影響力が高い「人」のコンテキストほど変わるきっかけをもらえる可能性が高いものは稀ですから、その人が書いた本や出演しているテレビ、雑誌やネットの情報に触れることで人生を変えるほどのきっかけを手にすることができるかもしれません。

「情報」というファクター――「きっかけ」を構成する要素⑦

◉テキスト、言葉
◉イメージ画像、映像
◉音、音楽
◉感覚（味覚、嗅覚、触覚など）

優位感覚（ＶＡＫ）に関わる要素です。何らかの情報、知識、知恵を手にすることで考え方が変わることはよくあることですが、その内容の種類は感覚によって分類できます。

誰かが発する言葉や本やネットに書かれているテキストと出会って変わるきっかけをもらう人は多いでしょうが、人によっては言葉にできない別の感覚から強い影響を受ける人もまた多いのです。

「タイミング」というファクター――「きっかけ」を構成する要素⑧

◉朝
◉休日
◉月の初め
◉一年や年度の切り替わり
◉春夏秋冬

先ほどの「イベント」ほどわかりやすい転機ではなくても、さまざまな節目となるタイミングもまたきっかけとなります。

例えば休日の過ごし方を変えてみたという話もそうでしょうし、夏になると行動的になるのであれば、集中的にきっかけ探しに使ってみるという方法もあるかもしれません。

「コンディション」というファクター――「きっかけ」を構成する要素⑨

◉体のコンディション
◉心のコンディション
◉環境のコンディション

大病を患ったり、メンタルを病んだ経験を経て、考え方や価値観が180度変わる人はたくさんいます。もしくは、働いている会社の状況など（環境のコンディション）が悪化して、考えを改めるケースもよくあります。

ただ、そうした強制的な変化の話だけではなく、コンディションの良し悪しはきっかけに対する受け取り方を変えることを認識しておきましょう。

例えば、コンディションが良いときは前向きなメッセージに反応し、コンディションが悪いときは穏やかなメッセージに反応したりと、同じメッセージでもそれをどう解釈するかはコンディション次第で変わるものです。

自分の過去のきっかけの共通点を探っていただく過程で「あれ？　このときとあのときでは自分の反応が違ったな」と不思議に思うことがあれば、それはコンディションの違いかもしれません。ここは意外と盲点です。

小さなSOMETHING NEWをどんどん試してみる

さて、きっかけといってもこうやって53種類の要素に分解できるわけですから、ただ漠然と「人生を変えるほどの大きなきっかけはないかな？」とあてもなく探すのはやめます。

きっかけは結果論だからです

むしろ**きっかけのイメージを自分なりに具体化して、実験を繰り返すノリで、小さなSOMETHING NEWをどんどん試していきます**。

例えば私の過去をたどっていくと、圧倒的に「本」か「セミナー」が自己変容のきっかけになりやすい傾向であることを見つけました。

本はおもしろいことにベストセラーの本よりも、何気なく買った本で大きな気づきを得ることが多いのです。

ですから、今でも本屋が目に入ると、平積みされたコーナーを横目に普通の商品棚へまっすぐ向かって、背表紙を眺めながら直感的に気になった本を2～3冊まとめ買いするようにしています。

セミナーだと経験上、先述のとおり、厳しい講師のほうが私は大きな気づきを得やすいと分析しています。

さらに、50万円以上する高額で緊張感のあるセミナーに参加して自分を追い込んだほうが、多くの学びを得られる傾向が強くあります。

もっと共通点を考えていくと、単発で終わるセミナーよりも、10回コースや半年コースといった長期間のほうが向いています。

おそらく受講者同士が厳しい講師に立ち向かい、結果的に団結力がアップして、良い雰囲気になりやすいからでしょう。

うまくいってないときほど承認してくれる上司が、うまくいっているときほど厳しくダメ出しをしてくれる人生の先輩が私を変えてくれます。理屈っぽく考えることの多い私は、滝行を体験したり、マインドフルネス瞑想に挑戦したりするときこそ、思考ノイズをシャットアウトできます。新たな発見があったり、自分の内なる声が聞こえたりします。

VやAの優位感覚が強い私は、あえてKタイプのSOMETHING NEWを適度なタイミングで入れていきます。当然私にとって、気が進まないネガティブなSOMETHING NEWです。

しかし、自分の過去を分析した結果、自分の生活に取り入れたほうが何らかの発見・きっかけに遭遇する確率が高まることがわかっています。

これらはあくまでも私の規則性なので、参考にはしないでください。

人生を川にたとえ、その流れを変えたきっかけを分析していくと、これくらいまで具体的に絞られてくるという一例です。

これくらいの規則性が見えるようになると、無駄撃ちが減る気がしないでしょうか？

さすがにきっかけとの遭遇率は上がっているだろうと思えるようになるのです。

もちろん、**どんな組み合わせがベストなのか、正解などありません。**

ですから、自分なりに考えた規則性は、あくまでも仮説で十分。仮説に基づいて実験を繰り返しながら、少しずつ精度を高めていくようなイメージでいいのです。

環境を変える

自分を変える一番のきっかけは、環境を変えることです。

とはいえ、環境を変えましょうと言い出すとハードルが上がるのであえてDOから変えていくことを推奨しているわけですが、もし環境を変えることができるなら、当然それは大きなインパクトを自分に与えます。

そもそも社会的なつながりの中で生きている人間は、あるグループに所属すると自分なりの役回りなり、立ち位置（すなわちアイデンティティ）を察知して、それに合わせて自分の言動を調整していく器用さを持っています。

例えば、自分のことしか考えてこなかった人がある日突然リーダーに任命されて、戸惑いつつもメンバーの面倒を見るようになるといった変化がそうでしょう。

もしくは気の短い2人が仕事でタッグを組むことになったときに、どちらかが自然となだめ役に回ったりするような変化もあります。

これは、いわゆる**「地位が人をつくる」**という話です。

組織論的な話をすれば、構成員の質の分布が常に似た割合になるという**「2：6：2の法則」**もあります。

「上位組」のメンバーが抜けるとそれまで平凡な評価しか受けて来なかった「中庸組」の誰かが頭角を現したり、逆に組織の足を引っ張っていた「下位組」のメンバーがいなくなったり、比較的優秀なメンバーばかりがいる組織に所属すると、それまで普通に結果を出していたメンバーが活躍しなくなるという現象です。

ちなみに私はこうしたロジックを育児にも使っています。

例えば、高校受験を控えた私の息子は成績があまり良くありません。志望校はまだ決まっていませんが、私としては身の丈にあった学校に行ってほしいと思っています。

「絶対達成を標榜するコンサルタントにしては弱気な」と思われるかもしれませんが、やはり人格が形成されていく（＝思考プログラムがどんどんつくられていく）多感な時期に、無理をして進学校に入って劣等感ばかりが植え付けられるよりも、最初からランクを下げて自信を持ってもらうことのほうが、長い人生を考えるとプラスになると考えているからです。

かつてサッカーでも同じようなことがありました。

息子は2、3歳からサッカーを続けていますが、あまりセンスがないのかレギュラーなど夢のまた夢。試合に出られないわけですから、だんだん練習にも身が入らなくなっていく。するとコーチの叱責がきつくなる。

このような悪循環に陥っていました。

実は息子が所属していたチームは、他のチームのエース級を引き抜いてくるようなエリート軍団だったのです。

このままだと、息子は自信を失くしたままサッカー熱が冷めていくと考えた私は、7、8年お世話になったそのチームを思い切って辞めさせて、息子でも試合に出られそうな弱小チームに入れ直しました。

すると、狙いは的中して、試合に出られるようになった息子は練習に熱が入るようになり、心の余裕が出たのか、自主的に小さい子どもたちのコーチ役を買って出るようになりました。

「地位が人をつくる」という原則と、「2：6：2の法則」を絵に描いたような変わりようです。

今でも中学の部活でサッカーは続けていて、なかなかレギュラーの座は取れないもののの、ムードメーカー的存在で友だちも多く、楽しくやっているようです。

変化耐性の強いタイミングを利用する

きっかけを構成する53の要素の中で、イベントやタイミングの話をしましたが、非常に大事なことなので改めて説明します。

私が主宰する「絶対達成社長の会」では、自らが掲げた目標とアクションプランのプレゼンをしていただきます。しかも、**簡単に実現できそうな目標ではなく、あくまでも高い目標**にしてもらいます。

初めて参加した人の中には「早朝から目標プレゼンなんてヘビーすぎる」と戸惑う人もいますが、ほとんどの人は馴染んでいきます。

「会場の雰囲気に押されて、普段は言えない高い目標を口にすることができた」

「何か新しいことができそうな気がしてきた」

と多くの人が口にします。

人前で何かを公にすることは、刺激レベルでいうと、かなり高い部類に入ります。どちらかというとネガティブに受け取る人のほうが多いでしょう。しかも、それは高い目標でなければいけませんから、なおさらインパクトが強まります。

そういうインパクトを習慣づけることで、思考プログラムを少しずつ変えていくことが本会の目的です。


さて、ここで強調しておきたいのは、こうした集まりを**「朝」にやる意味**です。

朝会はかなり一般的になってきた感がありますが、それは朝なら予定がないので集まりやすいという消極的な理由だけではなく、脳がしっかりリフレッシュされた朝の時間帯は生産性が高く、ストレス耐性が高いという科学的な根拠があるからです。

例えば、日中に嫌なことが重なっていくと、不健全な内的体験を何度もしてしまいます。そのせいか、夜になるとちょっとしたことで怒りっぽくなるという現象を経験した人は多いでしょう。

でも翌朝になると、「なんで昨夜はあんなことで怒ったんだ?」と不思議に思ったりする。

このように、ストレス耐性は一定ではなく、波があります。

朝の時間帯以外にストレス耐性の高いタイミングが、**何かの節目**です。

先ほどの分類で言う「イベント」のとき。

「正月」「誕生日」「新年度」「入社日」「引っ越し」「昇進」「結婚」「出産」「期首」などなど……。

こうした大きな節目はそもそも「新しいことが起きる予感」しかありませんから、現状維持バイアスがつかの間の休憩をするのです。

新しいことにチャレンジしていく、もしくはチャレンジすることを決意するのに、こんな絶好のチャンスはありません。

「何かが始まる」というのは自動詞であり、勝手に始まるというニュアンスです。

一方、「何かを始める」は他動詞で、自分の意志で始めるものです。

なかなか自分の意志では新しいことを始められない人は、何かが始まるタイミングに便乗しましょう。

ただ、こうした大きな節目はめったに訪れるものではありません。

だからこそ、**もっと身近なところにある節目……そうです、1日の始まりである「朝」を利用する**のです。

私はそんな朝を毎日迎えたいと思っていて、10年以上も前から夜の過ごし方を変えています。

夜の過ごし方を、自分の思いどおりにするために、日中の時間の使い方も工夫するようになりました。

いろいろなSOMETHING NEWをしていくなかで、自分が見つけた法則です。

朝、昼、夜の、それぞれの過ごし方にルールをつくることで、人生を少しずつ好転させるすばらしい「きっかけ」に遭遇する確率が高まっていったのです。

「今日もまた新しい1日が始まった。今日はどんな新しいことが待っているだろうか」

毎朝そう自然に思えるようになれば、この本が目指している変化耐性の高い人になれた証です。

「中毒性」の高そうなことを始めてみる

さまざまな種類のSOMETHING NEWがある中で、最近私がよく思うのは、**中毒性の高い行動は変化のきっかけになりやすい**ということです。

例えば「絶対達成社長の会」の中に「絶対達成ランニングクラブ」というクラブ活動があります。

私自身が走ったり筋トレをしたいがために、そうした世界とは無縁そうな人たちをあえて巻き込んで始めたものです。ランニング習慣のある、マラソン大会にも参加し続けているような猛者たちではない、素人の集団でした。

ところが、日々のジョギングが習慣化すると、マラソン大会に参戦するメンバーが増え、全国を飛び回ってウルトラマラソンやトライアスロン、トレイルラン、アイアンマンレースなどに参加するようになった人も出てきました。

ランナーが愛読するような雑誌に登場したメンバーもいますし、雑誌「Tarzan」の表紙を飾ってしまったメンバーもいます。

本格的にマラソンをしているメンバーも引き寄せ、すでに会員が100名以上にまで膨れ上がりました。

「走る」という行為は中毒性が高いものです。徐々に体を慣らしていけば、ほとんど人はこれまでより長く、速く走ることができるようになるので、比較的すぐに成長の実感を味わうことができ、ハマってしまうのです。

このように中毒性の高いSOMETHING NEWは、気がついたら、かつての自分には想像できなかった自分へと変化させるきっかけになるのです。

似た話では「筋トレ」とか、最近では「ボルダリング」といった競技も急にハマる人が多いと思います。

しかもそれに合わせて食生活も変われば、時間の使い方も変わり、人付き合いも変わる。人によっては仕事との向き合い方も変わるでしょう。

まさにBE SOMETHING NEWの実現です。

今の自分がそれに興味があるかどうかは関係ありません。むしろ**「興味がない」と思えるものにチャレンジして中毒になったほうが新しい自分に生まれ変わりやすい**のです。

しかも、中毒状態になっているときは、四六時中そのことを考えるわけですから、思考プログラムの書き換えがしやすい状態になっています。

だからこそ自分を大きく変えるチャンスなのです。

特に一番効果として大きいのは、**自信を植え付けられる**こと。

「絶対に無理だと思っていたフルマラソンを完走できた」

「自分はなんでも三日坊主になると思っていたけど今でも続いている」

そうした自信は仕事やプライベートにもいい影響を及ぼします（趣味だろうが仕事だろうが、脳の思考プログラムは共通なので）。ビジネスでうまくいっている人の多くが負荷が高めのスポーツに夢中になっているのはそのせいです。

ただし、中毒性が高いといっても、お酒やギャンブルやゲームといった不健康なものは「自分をより良く変える」ことにはつながらないので、そこはしっかり理性でブレーキをかけて、あくまでも**健康的なものや建設的なものをチョイス**しましょう。

それは「片付け」でもいいし、「瞑想」でもいい。客観的に見て、熱烈な愛好家が多そうな趣味を調べ、とりあえず1回やってみる。そこで悪い感じがしなかったら、もう何回かやってみる。

突然覚醒し夢中になってしまうことを見つけたら、こっちのものです。

「やる気」がないなら、「その気」を利用する

「自分を変えたい」という人の願望パターンは、大きく分けると2種類あることは第1章で書きました。

すなわち、

①ある目標を達成させるために「自分を変えたい」

②今の自分に不満だから「自分を変えたい」

前者が山登りタイプで、後者は川下りタイプもしくは脱現状維持派です。

この**両者の大きな違いとしては、モチベーションの差が挙げられます。**

当然、明確な目標を持っている人は、やることが見えているので、「やる気」が湧きやすくなっています。

例えば、「3年後には独立して自分の店を持ちたい」という明確な目標がある人は、その目標達成から逆算して「リーダーシップを身につけないといけない」「お金を貯めないといけない」など、「どう自分を変えるべきか」が明らかです。

一方、現状に不満という人は、今の自分ではない状態を目指しているので、選択肢がいくらでもあります。さらに言えば「何もやらない」という選択肢もあるので、なかなか「やる気」が湧いてきません。

これは自己変容していくときのボトルネックではあるのですが、対策がないわけではありません。

「やる気」が湧いてこないなら、「その気」になる環境に身を置いてみればいいのです。

「その気」というのは、いろいろな人に影響を受けたり、周囲の空気に感化されたりして、いつの間にか湧き出る能動的な姿勢のことです。

特徴としては、後付けであること。

「やる気を出す」と表現はあっても「その気を出す」とは言いません。「その気になってしまった」というように、過去を振り返って確認してわかるものです。

つまり、その気になるかどうかはやってみないとわからないわけですが、その気になりやすい環境は存在します。

「その気」になりやすい環境の条件

ポイントは2つあります。

①過去の自分を知らない人が集まっていること
②何らかの目標に向かって前向きに頑張っている人が集まっていること

「今の自分を変えたい」と思っているのに、いつもと同じメンバーと交流したり、勉強会をしても、新しい何かに出会えることは少ないでしょう。

これまでの自分を知らない人しか集まらないような場所に出かけるほうが、圧倒的にインパクトの強い刺激に遭遇するチャンスが増えます。

また、何らかの夢や目標に向かって健全に頑張っている人たちが集まる環境に身を置くだけでも、脳はしっかりと影響を受けます。

具体的に言うと、**特定の脳の神経細胞（俗称：ミラーニューロン）の働き**によって、私たちの脳は、**近くにいる人の言動や思考までも無意識にモデリングする**のです。

社会人のスポーツチームや、最新技術の勉強をしている会合、社会的な課題に真摯《しんし》に取り組んでいる人たちの集まりなど、やる気に満ちた人たちに囲まれると、ミラーニューロンがその場の空気を感じ取って、次第に感化されていくのです。

また、「その気」にさせてくれる場所や集まりは、リアルな空間に限りません。フェイスブックなどのＳＮＳコミュニティや、著名人の会員制サロンなども利用できます。

逆に言えば、やる気のない人たちが集まっている会合では、悪い方向に感化されるので注意が必要です。

第4章

過去のしがらみを解放する

過去の嫌な体験が、自分を変えていく足かせになっている人へ

「何かチャレンジをしようと思っても、今はどうしても自信が持てない」

「ある人から言われたひと言で深く傷ついて、何事も消極的になってしまった」

過去の嫌な体験が、自分を変えていく足かせとなっている人もいると思います。

この章では、SOMETHING NEWによる刺激くらいでは、思考プログラムがビクともしないという人のために、**内的体験を操作することで強制的に過去を書き換えるエクササイズ**をいくつか紹介していきます。

なかでも「サブモダリティ・チェンジ」と呼ばれるエクササイズは、決して簡単ではありませんが、うまくいけば非常にインパクトの強い体験になるはずです。

過去の体験の「インパクト×回数」でできた思考プログラムは、長い時間をかけて凝り固まっているため、柔軟でしなやかに変化させるには、同じように長い時間がかかります。

しかし、思考プログラムをつくり上げた過去の体験そのものに修正を加えれば、現在の思考プログラムをそれほど時間をかけず、蘇生させることができます。

「事実」は変えられなくても、「認識」は変えられる

ここで「人の過去」というものについて改めて考えてみましょう。

ビジネスの世界では、物事を見るときに「事実」と「認識」とに区別しなければならないとよく言われます。そこを混同してしまうと、本質的な課題が見えづらくなり適切な仮説が立てられなくなるからで、経営者やコンサルタントの世界ではこうした冷静な視点は必須スキルです。

例えば、商品が売れないのは、競合製品と比べてコストパフォーマンスが低いからだという「認識」を、ある企業経営者が持っていたとします。

ところが、お客様1000人に調査してみたところ、7割以上の人が、その商品の良さを知らなかったという「事実」が判明しました。

このような「事実」がわかれば、「認識」を改めることができます。

これまでは、商品そのものに問題があると受け止めていたのですが、商品の良さが正しく認知されていないことが事実として判明したのですから、そのための営業・プロモーション活動そのものを変えていこうという話になります。

このように私は普段から、**「事実」と「認識」とを切り分けて考える**クセがあります。

クライアント企業の経営者や管理職の方々に「それは認識であって事実ではないですよね」と言って指導させていただく場面も数多くあります。


「人の過去」も同じです。

「事実」と「認識」とに分けられるのです。

過去に起きた事実は変わらなくても、その事実を「どう認識しているか」については、脳内処理の仕方次第でいくらでも変わります。

例えば、大恋愛の末に何かが原因でお別れしたとします。現に今は付き合いがなくなっているわけですから、離別したという事実は変えられません。

でも、仮にお別れしたことで自分が深く傷つき、その事実を十字架のように背負って生きていく必要が本当にあるのかといったら、まったくそうではありません。

悲観している原因は、お別れしたという事実に対して、現時点での自分の脳が下した1つの結論、つまり、認識であり、解釈であり、主観的意見にすぎません。

その認識を変えれば、十字架は消えます。

ただし、それは理屈の話であって、過去の嫌な出来事を肯定的に受け止め直すことは決して簡単ではありません。現実に、過去の悲恋が原因で、「もう男性とお付き合いできない」「女性を意識するのが怖くなった」と言う人は多いのです。

人間関係だけではありません。

「何度教員試験を受けても合格しないので、私は教師としての適性がないと思う」「記録がかかった試合ほど緊張して、失敗する」「エレベーターに乗るのが怖い。狭いところにいると胸が苦しくなる」……。

このような苦しみを常に抱えている人はいるものです。

すぐに変化するわけではありませんが、**過去の認識を変えることで、このような苦手意識、嫌悪感などを徐々に変えていくことはできます。**

ただ、そのためには、第3章までとは次元が異なり、それなりに深い知識と鍛錬によって身につけたテクニックが必要です。

過去のしがらみやトラウマを解き放つエクササイズ

最終的に目指したい姿は、重りを解き放った気球です。

今まで浮上を妨げていた自分の中での重りを「重りではない」と認識を改める、もしくは、長期記憶の奥深くに保管し直し、追体験しづらくします。

すると、人は過去のしがらみやトラウマ的な体験から身軽になれます。

DO SOMETHING NEW で新しい刺激を与え続けることが「風を送り続ける行為」だとすれば、**過去の認識を変えることは「重りを解き放つ行為」**。

重りが軽い人は風を送るだけで浮上できます。でも、重りがとてつもなく重い人が変わっていきたいなら、両方の対処が必要だということです。

重りを外した結果、どこに飛んでいくかはわかりませんが、大事なことは変われない自分の要因となっているそうした重りをできるだけ早く捨てることです。
さもなくば、いつまでもBE SOMETHING NEW――何か新しい者になることはありません。

幸福体験と不幸体験の数値化――エクササイズ①

過去の辛い体験の記憶を書き換えるのは、とても重い話ですし、難易度も高いものです。ですから、そのステップに入る前に、自分の記憶や認識の仕方を書き換える最も簡単な方法を解説したいと思います。

「感覚レベルの数値化」をやっていきます。

◎幸福体験を数値化するポイント

まず慣れないうちは、難しく考えず、直感で点数をつけていきます。

自分の生理現象に意識を向け、その体験はどれぐらい幸福だったか、気持ちが良かったか、楽しかったか、達成感を味わったか、**10点満点で数字をつける**のです。

この場合は、**プラスでつけます**。

例えば「今期の目標が達成した」という体験で「8」とか。「スマートフォンを新しい機種に変更した」で「2」。「新しい家族が増えた」という出来事で「10」。「入院していた祖母が元気に退院した」なら「6」とか。

常識的にこれぐらいの点数だろうなと**頭で考えてはいけません**。Aタイプの人は理屈っぽいので、感覚に意識を向けることが苦手です。

気をつけてほしいのは、自分の生理現象がどう変化したのかに関心を寄せることです。

5年間お金を貯めて500万円の車を買った。買うまでは興奮していて手に入れたあとは、意外とワクワクしない。ずっと駐車場に置いたままで、買ってからは急に関心がなくなってしまったということであれば、おそらく感覚レベルはそれほど高くないでしょう。新車を買って幸福感はあるかもしれませんが、「2」ぐらいの感覚レベルかもしれません。

にもかかわらず、「いや、苦労して手に入れたんだから、常識的に考えたらそんなに低い数字ではないはずだ。自分は満足している。だから、もっと高い数字にしよう」などと、自分に言い聞かせるようにして「7」とか「8」などと偽装することは禁止です。

他人の感覚だとか、常識でどうだとかは関係ありません。自分自身を正しく知るために、いつも体に問いかけることが大事です。

頭は嘘をつきますが、体は嘘をつきません。

感覚レベルを調べるときは、必ず体に問いかけてみます。私も最初は苦手でしたが、繰り返せば慣れていきます。

◎不幸体験を数値化するポイント

同じように、落ち込んだ出来事、ショックだった体験、無性に腹が立ったことなどの感覚レベルも数値化する練習をします。

この場合は、**マイナス**で記します。

「高速道路で渋滞に巻き込まれた」で「マイナス4」。「飼い犬が誰かに怪我をさせられた」で「マイナス9」。「お客様から理不尽なクレームを受けた」で「マイナス3」。

「電車で足を踏まれた」で「マイナス1」など。

この場合も頭で考えるのではなく、体に問うてみるのです。ずいぶんとお世話になった人の告別式に参列したとき、「今日は絶対に悲しいはずだ」と自分に言い聞かせても、そのような生理現象を覚えなければ、「マイナス10」とか「マイナス9」と記してはいけません。

幼い子どもが牛乳をこぼしたとき、「たかがこんなことでイライラしてはいけない」と思っても、体がかなり熱くなっているのであれば、それが「事実」です。正しく数字で表してみましょう。

特に「最近、いいことがない」というセリフが口グセになっている人に、このエクササイズはとても効果があります。

最近、本当にいいことがないのか。本当に悪いことばかりが自分を悩ませるのか。感覚レベルを数字で表現するクセが身につけば、記憶の引き出し方に変化が訪れ、リフレーミングしやすくなります。

◎エクササイズを実践

それでは実際にやってみます。

まず**ここ一カ月くらいの間に起きた、ポジティブな事柄を10個書き出してみましょう。**

自分にとってポジティブな事柄はさまざまです。

「上司に褒められた」とか「お客様に喜ばれた」といった事柄ならわかりやすいと思います。自分がちょっとでもいいと思ったことでかまいません。「喫茶店で飲んだコーヒーがおいしかった」「子どもの服を知人にあげたら喜んでもらえた」といった程度でOKです。

それでも10個揃わないなら、もっと些細なことを考えてみます。

「天気予報では雨だったけどなんとなく傘を持って行かなかったら降らなかった」こんなことでもいいのです。そうすれば1カ月間で10個ぐらいは書き出せるはず。

次にネガティブな事柄も書き出してみます。

「上司に説教された」「電車に乗ったら席に座れなかった」「残業のせいで飲み会に合流するのが遅れた」「訪問先が駅から遠くて疲れた」

こちらも自分がちょっとでも不快だと思ったことであれば、レベル感はなんでもかまいません。

もしここで**ネガティブなことが10個出てこない人がいるとしたら、あえて絞り出す必要はありません。**

でも、ポジティブなことは必ず10個は書き出してください。

さて、ここからが重要な作業になります。

先述したとおり、**それぞれの出来事の感覚レベルを数字でつけていきます。**

例えば、「卵かけごはんにごま油をちょっと足すとおいしいという記事を読んで試したら、本当に驚くほどおいしかった」と書き出したとします。ではその感覚レベルは1から10のレベルで言ったらどれくらいになるか。まだ慣れていないうちは、他と相対評価ができません。したがって、主観で「1レベルかな」と記入します。

「先週読んだ小説で感動した」なら2レベルとか、「大変なプロジェクトをやり遂げた」なら6レベルとか、「一度も褒めてくれなかった社長から褒められた」なら8レベルくらいかなどと書き出していきます。

ネガティブな事柄も同じように感覚レベルをつけていきます。

ここで注意したいのは、**安易に「マイナス8～マイナス10」レベルをつけない**ということ。

なぜなら、このレベルは相対評価ですから、「自分にとって最大の不幸は何か？」と考えたものがマックスのマイナス10レベルになるはずです。それこそ「愛するパートナーが他界した」というくらいの話で、悲しみから立ち直るまでに相応の歳月がかかるような出来事になります。

もしそれがマイナス10だとしたら、「交通事故に巻き込まれて1週間入院した」という出来事があったとしても、それは意外にもマイナス8くらいなのかもしれません。

さらに交通事故と比較すると、「上司に1時間も説教された」という出来事があったとしても、せいぜいそれはマイナス3かマイナス4ぐらいのはず。

では、もっと些細なことはどうかというと、「奮発して買ったばかりの革靴が道路の縁石で擦れて傷がついた」とか、「3日連続で残業をさせられた」といった出来事は、その瞬間はイラッとするかもしれませんが、それが上司からの説教や交通事故と同じレベルのわけがなく、せいぜいマイナス1か、マイナス2レベルになるはずです。

何度も何度もネガティブな追体験をするわけではないのなら、マイナス5とか、マイナス7とはならないでしょう。

エクササイズを月末恒例行事にする

このレベルづけの作業を続けると、修正の繰り返しになると思います。この修正作業がまさに**記憶の上書き保存**をしている証ですから、納得がいくまでどんどん修正してください。

この修正作業が「思考のメンテナンス」になるのです。

さて、レベルづけをした結果を眺めると、ポジティブな事柄もネガティブな事柄も意外と1とか2とか、マイナス3とかマイナス1などと、よほど大事件でもない限り「3〜マイナス3」のレベルに収まると気がつくはずです。

エクササイズ①

「幸福体験と不幸体験を数値化」の手順

①幸福体験を数値化する練習

うれしかったり、幸せに感じた体験を思い出し、自分の生理現象に意識を向け、その体験はどれくらい幸福だったか、気持ちよかったか、楽しかったか、直感で10点満点で点数をつける。

ポイント

・プラスで記す。
・頭で考えるのではなく、自分の生理現象がどう変化したかに関心を寄せる。
・他人の感覚や常識などにとらわれないで、自分の体に聞く。

②不幸体験を数値化する練習

落ち込んだ出来事、ショックだった体験、腹が立ったときのことを思い出し、その体験の感覚レベルを10点満点で点数をつける。

ポイント

・マイナスで記す。
・頭で考えるのではなく、自分の生理現象がどう変化したかに関心を寄せる。

③ここ1カ月間で起こったポジティブな事柄を10個書き出す

④ここ1カ月間で起こったネガティブな事柄を10個書き出す

⑤それぞれの出来事の感覚レベルの点数をつける

ポイント

・ネガティブな事柄は、10個に満たなくてもOK。
・安易に「マイナス8～10」をつけない。相対評価で。

もしポジティブな事柄が「1〜3」レベルばかりでネガティブな事柄がマイナス8〜マイナス10レベルの事柄ばかりだったら、思考に偏りがあります。ロジカルに考えれば、おそらくそこまで偏った結果にはならないはずです。

ですから、**このエクササイズは月末の恒例行事として継続していくといい**でしょう。最初の1カ月では、マイナス8とかマイナス9レベルと記したことがあっても、数カ月して本当にショックな出来事、眠られないほど辛い体験をすると、この体験こそがマイナス8とか、マイナス9レベルになると頭で理解できます。

したがって過去に記したマイナス8やマイナス9は、相対評価すれば、マイナス4とか、マイナス5などと修正されていくことでしょう。

1年間も続ければ、どのような生理現象を覚えれば「3」なのか、「マイナス5」なのか、「マイナス1」なのか、コツがつかめてきます。

すると、日常の些細な出来事で「最悪だ」「お先真っ暗」などと感じなくなっていきます。「イラッとしたけど、感覚レベルはマイナス1だ」「落ち込んだけど、感覚レベルはマイナス2。引きずらないようにしよう」と客観的に現状認識できるようになるのです。

「SOMETHING GOOD」を考える習慣

何か新しいことは「SOMETHING NEW」です。したがって、何かいいことは「SOMETHING GOOD」で、何か悪いことは「SOMETHING BAD」。

私はこのエクササイズを毎日必ずやった時期がありました。ネガティブ思考だった私は、1日1回、**「何かいいこと――SOMETHING GOOD」「何か悪いこと――SOMETHING BAD」**を思い浮かべ、数値化して記録したのです。

VAKの「Kタイプ」の人には特におすすめです。

気持ちのいい日であればいいのですが、何となく今日1日いいことがなかった、漠然とした不安を抱えた1日を過ごした、というときには効果てきめんです。

どんな些細なことでもいいので、「SOMETHING GOOD」をノートやメモに書き出し、その感覚レベルを数字で記します。「SOMETHING BAD」も同じ。自然と出てくるものもあれば、かなり考えないと脳から引っ張り出せないこともあります。

「今日、給湯室でコーヒーをいれていたら、他部署のアシスタントの方が初めて声をかけてくれた。あれも『SOMETHING GOOD』といえば、そうだ」

「『SOMETHING BAD』なら、いくらでも思い出せる。今日もイヤな1日だった。朝寝坊して、いつもの時間に家を出ることができず、乗った電車がすごく混み合っていた。それに朝から上司に昨日までにやるべきことができていないと小言を言われたし……。あれ、よく考えたら、すべて自分のせいか。よく考えると、これって『SOMETHING BAD』なんだろうか」

文字と数字で記すことで、頭が整理できてきます。

何が正しいかどうかは、関係がありません。

理屈っぽい人――つまりAタイプの人は――何が「SOMETHING GOOD」で、何が「SOMETHING BAD」だろうと考え込んでしまいます。私もそういうところがありました。

大事なことは、自分の思考プログラムを変えることです。

普段「理屈9」で「感覚1」で考えるAタイプが、「理屈7」「感覚3」になるだけでも大きな変化です。反対に「理屈1」で「感覚9」で考えるKタイプが、「理屈3」「感覚7」に変化しただけでも、物事の捉え方は大きく変わります。

常に自分の「感覚」に目を向けて、嘘偽りなく感覚レベルを数値化

私はフランス製の「ロディア」というブロックメモを愛用しています。このメモ1枚に対して1つずつ、必ず毎日「SOMETHING GOOD」と「SOMETHING BAD」を書き続けました。

最初は、まるで要領がつかめず、適当に「電車で足を踏まれた」「昼食べたパンが意外においしかった」「買った缶ビールがイマイチだった」「某国の政策金利に一定の理解ができた」「妻と20分ほど落ち着いて雑談ができた」「子どもの寝顔がかわいかった」「クライアント企業が提出した業績資料に不備があった」……と、記していきました。

ただし、**メモ書きするだけなら脳にインパクトはありません。**

「これはマイナスな感覚4かな」「これはプラスの感覚を得たがレベルは2だろうか」と、その**感覚を数値化する作業を伴うから、刺激を受けて硬化した思考プログラムが**

柔らかくなっていきます。

1日平均、10枚程度メモを残していると、だんだんと自分の頭が整理されていきます。

電車で体を押されたときイラッとして、イライラ度を「マイナス7」とした。しかし、クライアント企業の業績が悪化したときに受けた失望感もレベル「マイナス7」とした。これではおかしい。電車で押されたことぐらい、たいしたことではない。そのマイナスな感覚はレベル「マイナス2」ぐらいか。

常に自分の「感覚」に目を向けて、嘘偽りなく感覚レベルを数字で記すのです。

以前、家族で沖縄の離島へ3泊4日の旅行に出かけました。いろいろな人から「家族水入らずで、沖縄でゆっくりできてうらやましい」と言われたので、バイアスがかかりそうでしたが、私が得た感覚は「5」でした。10段階の「5」だったのです。

めったに家族旅行に出かけることがなく、3年以上も前から計画してようやく行けた沖縄旅行。旅行前、私の仮説では「8」レベルの幸福を得られるとしたのですが、そうではなかったのです。その理由はわかりません。

大事なことは、**自分に言い聞かせてはダメだ**、ということです。

沖縄の海（特に離島の海はすばらしい）の美しさ、妻や子どもたちの満足そうな顔は、今も目に焼き付いています。私も幸福感を覚えたものの、想定したとおりではなかったということです。

その後、家に帰ってきて、近所に住む仲のいい子どもたちと一緒に5人で公園へ出かけました。歩いて10分の距離にある、滑り台とシーソーと砂場しかない、小さな公園にです。あたりが暗くなり、「そろそろ帰ろうよ」と言っても、子どもたちは言うことを聞きません。

そのとき、私はふとメモ帳を取り出し、自分が覚えた感覚レベルを数字で記してみました。自分の感覚を、素直に、正直に捉えたのです。そうして書いた数字は、なんと「6」。

3年もお金を貯め、妻と半年前から計画した沖縄旅行よりも、歩いて10分でたどり着く公園で遊んだほうが幸福度が高いなんて！

「もう帰ろう」と何度も言っても聞かず、暗くなるまで大きな笑い声を立てながら遊び続ける子どもの姿を見ていて、幸せとは何だろうと私は考えました。

感覚を数値化すると、現在の本当の自分がわかる

テレビを観て笑ったり、小説を読んで感嘆したり、混雑したテーマパークに出かけたり、部下たちと隠れ家的な小料理屋へ出かけたり、経営者仲間と伊勢へ参拝に出かけたり、高い目標を設定し、見事にやりきったビジネスパーソンのスピーチを聴いたり、自作の弁当を会社へ持っていったり、帰りの電車をわざと乗り過ごして行ったこともない駅で降りてみたり……。

いろいろな経験をして、その都度、自分の感覚を数値表現していく。

そうすることで、自分自身がわかってきます。

他人がどう感じるかは、関係がありません。どのような刺激を受けると、自分はどう反応し、どのような「感覚」を覚えるのか。

酒の臭いが染みついた、小さな家で飲んだくれの父と幼少時代を過ごした私は、21歳の頃から知的障がい者のボランティア活動をはじめ、24歳のときには青年海外協力

隊に参加しました。そんな私の「思考プログラム」は、唯一無二のものであり、他の人と違ってあたりまえ。

日々自分の身の回りで起こる、大量の事象を数値化して相対評価していくと、このように自分自身がわかってきます。

自分は何のために生まれてきたのか？　自分は何をやりたいのか？　どんなことで幸せを感じるのか？　……と問いかけ続けても、決して答えは見つからないものなのです。

「現状認識」は、物事を考えるときの「前提」となる話です。課題解決を専門とするコンサルタントにとっては解決策のノウハウを持っていることはもちろん重要ですが、それ以上に大事なことは、**「正しい現状認識能力」**。

そこを間違えていると、いくら対処法を考えてもうまくいきませんし、場合によっては悩む必要がないことで悩むという無駄にもつながりかねません。

感覚を数値化するときに残した大量のメモは、私の現状認識能力を補正してくれました。

そして、どうすれば「SOMETHING BAD」を減らし、「SOMETHING GOOD」を増やすことができるか。次第に「コツ」のようなものがつかめてきたのです。

当然、日常生活において何かいいこと――「SOMETHING GOOD」が増えれば、思考のクセは勝手に修正されていきます。ネガティブなことより、ポジティブな記憶をより多く脳から引き出すようになっていったのです。

短期間で劇的な変化を味わう

今現在起こっていること、これから起ころうとしている体験（外的体験）に意識を向け、その刺激から受ける感覚を数値化します。

自己認識能力を高めることで、思考プログラムは変わっていきます。

ただ私の場合、このようなエクササイズを繰り返しただけで変化できたかというと、実のところそうではありません。長い時間かけて凝り固まった思考プログラムは、長い時間をかけて柔らかくし、形を変えやすいようにしてからでないと、結局は元の形に戻ってしまいます。

私は驚くほど短期間に、自分を変化させてみせたのです。

37歳頃まで、仕事にも組織にも責任を持ちたくないし、家族の大黒柱として見られるのにも苦痛を覚えるような人間でした。自信のカケラもありませんでしたから、ラクな事柄ならともかく、重荷を背負うようなことからはすべて避けて通りたい性格でした。

しかし、2年後の39歳のときには、50人ぐらいの前で「目標を絶対達成するためにはどうすべきか」と力強く講演ができるようになっていましたし、40歳のときには日経BP社が主催する経営者向けのセミナー（2時間2万円）を、受け付け開始後、たった1時間で（定員230名）ソールドアウトにさせるほどの知名度を手にしていました。追加で企画されたセミナーも、定員が200名でしたが、すぐさま満員となっても「これぐらいは当然」と思えるほどの思考プログラムを手にしていたのです。

気弱な20歳の青年が、22歳、23歳の時点で劇的に変化したというのならともかく、30代後半になってから急激に変化した私を、妻をはじめ多くの知人は、信じられないような目で当時は追い続けたのだと思います。

このように、**短期間に飛躍的な変化を体現できたのは、私は「外的体験」のみならず「内的体験」を使って変化させていったから**です。

自分の頭の中で体験する「内的体験」を、自在にリノベーションできるようになったことで、私は重りを解き放った気球になれたのです。

成功体験を増やすイメージトレーニング――エクササイズ②

内的体験と外的体験の割合は、だいたい「9：1」だと覚えておきます。

ですから、**思考プログラムを書き換えるには、内的体験の中身を変えることのほうが圧倒的に効果が高い**のです。

ここでは、実際に、内的体験の中身を変えていく方法について解説します。

ひと言で言えば、イメージトレーニングです。

過去の記憶から「快楽」「すばらしい幸福感」「昂揚感」といった感情を抱いた出来事を一つ選んでみましょう。

そして、**五感をフル活用してその情景を脳内で再現し、しっかりとそこにアソシエ**

イトしてみてください。

アソシエイト／ディソシエイトという表現を、再確認しておきます。内的体験を書き換えていくためには、何に対してアソシエイト状態になるのか、ディソシエイト状態になるのかをしっかりと意識します。そうしないと期待どおりの効果が得られないからです。

先ほどのエクササイズ①では、日頃の偶発的な外的体験を、感覚レベルで数値化し、記憶の引き出し方を変えていくことが目的でした。

今回のエクササイズは、**過去のすばらしい体験を意図的に引っ張り出して、体全体で味わう**ものです。定期的に実践することで、ネガティブな内的体験が顔を出す頻度を、少しずつ下げていく効果が期待できます。

できれば感覚レベルで「7」以上の体験を選ぶことをおすすめします。

◎集中状態を意識的につくる

それではまず、身の回りの環境を正しく整えます。エクササイズ①は、満員電車の中でも、トイレの中でもできましたが、今回のエクササイズ②は、過去の体験を引っ張り出し、十分に味わう必要があるため、意識的に集中状態をつくらなければなりません。

私は、朝早く起きたり、もしくは家族が寝静まった夜、出張先のホテルにおいてなど、**一人きりでいられる**ときに実践しました。

どうしても一人きりになることができないなら、夜ベッドに入ってから実践するのでもいいでしょう。

では、実際にどうやって集中状態にするのか？

まず**目を閉じて、深呼吸を3回**くらいします。そして「今、ここにいる自分」に集中していきます。

明日の仕事のことを考えたり、耳に入ってくる消防車のサイレンの音に意識を奪われないということです。

「無の境地」とは聞こえがいいですが、この状態になることは至難の業です。

「無になる」こと、何も考えないようにすることに固執しないでください。

コツとしては、**「自分の体」に意識を向ける**ことです。

例えば、正座しているとしたら「今、自分は正座をしている。膝を折り曲げている。膝の脛の部分が畳にくっついている。少し痺れてきた」とか、「自分の手のひらを上に向けると手のひらが少しずつ温かくなってくる」といったように、**体の特定のパーツに意識を向けます。**

もちろん、直接的な刺激に意識を向ける必要はなく、「頭の中がスッーと冷えてきたな」「自分の意識が下のほうに沈殿してきたかな」といった感覚でもかまいません。呼吸に焦点を合わせ、吸った空気が鼻腔を通してどのように体の内部へと行きわたったかを追いかけていってもいいでしょう。

そうやって**自分の体に意識を向けていると、自分自身にアソシエイトしていきます。**

◎過去の感動体験を思い出す

雑念が消えたと感じたら、そこで過去に起きた感動体験やすばらしく高揚した事柄を思い出してみます。

例えば、高校時代、野球部にいて、夏のちょっとした思い出を切り取る形でもかまいません。

監督にはいつも怒られて、練習は毎日きつくて、レギュラーにもなれなかった。でも、3年生の最後の練習日に監督から呼び出されて、「最後にひと言言わせてもらうが、よくやった。俺はお前を認めている。一度もレギュラーになれなかったが、お前が誰よりも努力したことを俺は知っている。大学に行っても、社会人になっても、頑張れよ」と言ってくれた。

一度も自分に対して優しい言葉をかけてくれなかった監督が、最後の日に、自分だけに言ってくれた……。

このように、なにか挫けそうになったときに思い出す過去は、誰しもあるはずです。そういう自分にとっての素敵な思い出にアソシエイトし、頭の中で鮮やかに再現します。

◎五感をフル活動させて、できるだけ具体的に思い出す

なんとなく思い出すのではなく、五感をフルに活動させます。

Vタイプの人なら、当時の映像を色鮮やかに再現できます。Aタイプの人なら、金属バットが球をはじく音、ランナーが駆け抜ける音を耳にするはずです。Kタイプの人なら、土やグローブの匂い、汗で濡れたユニフォームの感触などが思い出されるはずです。

呼吸を整え、意識を集中しながら自問自答します。

すると、何が見えてくるでしょうか。

監督の顔が見えますか？　監督の表情は柔和ですか？　監督の髪の毛の色は？　帽子はかぶっていますか？　立っていますか、座っていますか？　どんな言葉を言っていますか？　言葉のリズムや語調、トーン、それはどんな感じですか？　場所はどこで、時間帯はいつか？　セミは鳴いていたか？　ユニフォームは汚れていたか？　手に何を持っていたか？

すべての感覚を研ぎ澄まして、そのシーンをイメージします。

完璧に思い出せなくてもかまいません。

実際は帽子をかぶっていたのか、グラウンドにいたのか、表情がこわばっていたのか、風が吹いていたのか、土の匂いがしたのか……。当時の体験をすべて狂いもなく再現しようとしないことです。

１００％再現できなくても、当時の体験が「こんな感じだった」とイメージはできるはず。50％ぐらい当たっていればいいのです。

そのような**情景の中に自分を改めて置いてみて、自分の感情を追体験してみます**（アソシエイト状態になる）。

最初のうちは、

「野球部の部室には、こんな道具があったはず。鍵がかからないドアがあって、棚には汚れたユニフォームと、誰のものかわからない雑巾や軍手などが積まれてあった。監督の顔は、たしかこんな感じで……。いつも座る場所は一緒で……」

と、まずは**自分で言葉を選び、言葉を追いかけるようにすれば、当時の情景が鮮明になっていく**と思います。

しかし、自分の言葉で誘導しているうちは、正しくアソシエイトしているとは言いがたいものがあります。

次第に、**頭の中で浮かび上がった風景や人物が勝手に動き始めたら、かなりアソシエイト状態になっている**と言っていいでしょう。関係のない雑念が浮かび上がったり、周囲の雑音に気を取られることがなくなるほどに、神経を集中します。まさに没我の領域。時間を忘れるぐらいに、この「体験」にどっぷり入り込みます。

時間を計ってみて、**少なくとも5分**は入り込みましょう。そして自分の感覚に意識を向けます。

◎味わった直後の生理現象を振り返る

ひと通り、このような**「内的体験」を味わってみたら、直後にどんな生理現象を覚えたかを振り返ってみます。**

「懐かしい」「うれしい」「辛い」「切ない」といった表現は感情です。**感情ではなく、感覚に意識を向ける**のです。感覚に敏感になりましょう。

「胸のあたりがジーンときた」「目頭が熱くなった」といった感覚にです。あえて言語化する必要はありません。

エクササイズをしたあと、**感覚に変化があったかどうか、ほとんど変化がないのか、それとも、胸の痛みがしばらくとれないのか、をチェック**します。

もしも何も感じるものが残っていないのであれば、うまく「内的体験」に没入できなかったと捉えます。

繰り返しチャレンジしてみましょう。これもSOMETHING NEWです。慣れれば誰でも、できるようになります。苦手だと思わず挑戦してみてください。

コツをつかむことができれば、自分が意識したとおりにアソシエイトしたり、ディソシエイトしたりできるようになります。過去にアソシエイトすることに慣れたら、未来の出来事を空想してアソシエイトできるようになります。

理想の上司や、憧れの有名人など、他者にアソシエイトすることもできるようになります。

イヤな同僚がいても、自分からディソシエイトし、その同僚にアソシエイトして自分自身を客観的に見つめることなどもできるようになっていきます。

私はこのトレーニングを膨大に繰り返した過去があります。そうすることで、過去のうまくいった体験に意外とすんなり没入でき、追体験ができるようになりました。

成功体験をオートマティックに増やす

成功体験を積み重ねることで、人は自信をつけていきます。

エクササイズ②

「成功体験を増やすイメージトレーニング」の手順

①できるだけ一人きりになれる状況をつくる

夜ベッドに入ってからでもOK。

②目を閉じて、深呼吸を3回して、自分自身にアソシエイト

「今、ここにいる自分」に集中する。

ポイント

- **自分の体に意識を向ける。**
- **体の特定のパーツの状態や感覚に意識を向ける。**

③雑念が消えたと感じたら、過去に起きた感動体験を思い出す

自分にとっての素敵な思い出にアソシエイトし、頭の中で鮮やかに再現する。

④五感をフル活動して、できるだけ具体的に思い出す

なんとなくではなく、五感(視覚、聴覚、触覚、嗅覚、味覚)をフル活動させてイメージする。そのときの景色、音、肌感覚、においなどがどんなものだったか、呼吸を整え、意識を集中しながら自問自答しイメージする。

ポイント

- **完璧に思い出せなくてもOK。50%ぐらいでもOK。**

⑤その情景の中に自分をおき、自分の感情を追体験する

自分で言葉を選び、言葉を追いかけるようになれば、当時の情景が鮮明になる。

ポイント

- **自分の言葉で誘導しているうちは、正しくアソシエイトしているとは言えない。**
- **頭の中に浮かび上がった風景や人物が勝手に動き出したら、かなりアソシエイトできている。**
- **少なくとも5分は入り込む。**

⑥味わった直後の生理現象を振り返る

「懐かしい」「うれしい」といった感情ではなく、「目頭が熱くなった」などの感覚に意識を向ける。エクササイズ後、感覚に変化があったか、ほとんど変化がないかをチェック。

このやり方を習得すれば、たとえ10回のうち9回失敗し、1回しか成功しなくても、そのたった1回の成功体験を20回も30回も、追体験することにより、成功を味わうことができるようになります。

そして思い出しても仕方のない失敗体験を、記憶から引き出す悪癖も治療されていきます。

自信がつけば、実際にうまくいくことが増えていくわけですから、**過去のうまくいった体験にしっかりアソシエイトし、そのときの感覚を深く味わうことで、思考プログラムが書き換わっていきます。**

「何をやってもうまくいかない」という思い込みが、「最近、なんだか希望が持てるようになってきた」という思い込みに姿を変えていくのです。

このイメージトレーニングを繰り返すことによって「いつの間にか」考え方や価値観が変わっていくと信じてください。私もそうでしたが、気がついたらネガティブ思考がどこかへ飛んでいってしまったのです。

20年以上見続けた悪夢から解放してくれたメソッド

私の父との葛藤については、すでに書きました。人の思考プログラムが過去の体験によるインパクトと回数でできていることを知って、父に対する考え方が変わったという話です。

それまでは、自分の親以外のところで生まれていたら、自分はもっと違う素敵な人生を送れたに違いないと、ずっと思っていました。

20歳を過ぎる頃まで、酒とギャンブルばかりの父と、ゴミためのような家で過ごしたせいで、どす黒く濁った自分の思考プログラムも、今思えばかなり短期間で「無色透明」に近くなったのです。

「この両親から生まれたから、自分の人生は素敵である」と素直に思えるようになりましたし、言葉にできない感謝の気持ちも持てるようになりました。親に対する私の解釈がリフレームされたのです。

とはいえ、そんな私でも43歳ぐらいまででしょうか。父親に関する悪い夢をよく見ていました。しかも、毎回決まって父親と殴り合いをする夢です。青年海外協力隊員としてグアテマラに赴任していた期間でも見ました。

ですから、20年とか25年間ぐらいは、父の体を傷つける悪夢を定期的に見続けたことになります。

朝起きると、決まって汗ぐっしょり。気分も最悪です。

夢の中なので、実態とは違うのですが、やはり頭のどこかにある嫌な記憶がずっと残っていて、その引き出しを勝手に開けようとする自分がいたのです。

でもその夢も、このメソッドで完全になくすことができました。

今も父は存命で、毎月のように顔を合わせていますが、ぴたりとそのような夢を見なくなったのです。表向きだけではなく、潜在意識の中でも私に変化があったようです。

過去を書き換える「サブモダリティ・チェンジ」
――エクササイズ③

過去の体験の「インパクト×回数」でできあがった思考プログラムを変えるのに、まずは未来の体験で書き換えるやり方を紹介しました。

次に、過去のすばらしい体験を意図的に追体験することで、記憶の引き出し方を変化させる方法を紹介しました。

次は、いよいよ**過去の記憶を書き換えるメソッド**です。

記憶を書き換えるというより、過去の体験そのものに手を加えることで、大胆に思考プログラムを修正するやり方です。

それが**「サブモダリティ・チェンジ」**です。

私はこのメソッドのおかげで、近くにいる人（特に妻）から「気持ちが悪い」と言われるぐらいのスピードで性格が変わっていきました。

このエクササイズは、圧倒的にインパクトが強いものです。

ただし、その分、すぐにうまくいくことはおそらくありません。**まずはエクササイズ②のイメージトレーニングでアソシエイトする練習を積んでください。**

エクササイズ②を続けることで、ネガティブだった自分に「やればできる」という小さな自信が芽生えてきます。

その小さな自信を持ったうえでサブモダリティ・チェンジに挑戦してください。

そもそも「自分にうまくできるかどうか。自信がない」という不安を抱えたまま、インパクトの強いエクササイズをすることは間違っています。

本気で効果を実感してもらいたいので、**自信をもって最低5回はやっていただきたいところです。**

五感など感覚器官を通じて得られるもの（様相）を「モダリティ」と呼びます。そのモダリティを構成する素材一つひとつが「サブモダリティ」です。

◎書き換えたい過去の体験を引っ張り出してアソシエイト

まず書き換えたい過去の体験を引っ張り出して、アソシエイトします。

エクササイズ②と異なり、書き換えたいような過去体験ですから、上司に強く怒られた体験、お客様から理不尽なクレームを受けた出来事、ミスを連発して孤立していた若い頃……など、どちらかというと、できれば思い出したくない事柄です。

アソシエイト状態となり、深く味わい追体験することによって、心の傷が深くなる恐れもあります。

ですから慣れないうちは、感覚レベルが「マイナス５」未満の過去体験を題材として選びましょう。友人とのちょっとした口喧嘩とか、電車の中でイラッとした体験とかで試してみます。

集中できる環境をつくり、何度か深呼吸を繰り返してから気持ちを落ち着けます。**書き換えたい体験を、五感をフル活用して味わい、アソシエイト**していきます。頭の中で流れる映像が勝手に動き出すほど没入します。

◎当日の状況を詳しく思い出す

例えば、電車の中で押された体験だったとします。

あなたは両手に重い荷物を持っていました。暑い夏で外は土砂降りの雨。電車に乗っている人誰もが汗だくで、みんな手に傘を持っています。

目の前には、雨に濡れた中年の会社員が立っていて、右側には大きなヘッドフォンをつけた女子高生が不機嫌そうな表情でいます。左側には買い物袋を持った女性が、その隣には2歳ぐらいの子どもを抱っこした女性が立っています。

車両の中は、息が詰まるように蒸し暑く、2日前からこじらせた風邪のせいもあって、あなたの気分はとても悪い。両手がふさがっているため、手を当てずに咳き込んでいると、周囲の視線を感じた。マスクをしてくれば良かったと後悔していたそのとき、後ろからドンと背中を押された。

電車の揺れでバランスを崩した男性の体がぶつかった。あなたは、その拍子に右手の荷物を落としてしまい、ヘッドフォンをした女子高生に舌打ちをされた――。


このような体験を書き換えていきます。

ただ過去を書き換えるといっても、事実を捻じ曲げることはできません。事実は事実。しかし、その事実から受けとった感覚は、書き換えられるのです。

実際にやってみましょう。

まず、この「内的体験」の素材（サブモダリティ）を、**「明るさ」「色彩」「動画・静止画」「立体・平面」「距離」の5つの切り口で加工**していきます。

◎明るさの強弱

ポイントは、素材を加工していく過程で、自分の感覚レベルがどう変化をするかということを客観的な視点から観察していくことです。

電車の中で押され、前に立っている人に舌打ちをされた出来事を追体験すると、その感覚レベルはどれぐらいでしょうか。仮に「マイナス4」とします。

次に、**明るさを調節**していきます。だんだん目の前の映像の明度をアップしていきます。周囲の情景がかすむぐらいにまで明るくしていきます。

そう、眩しくて目を細めるぐらいの明るさにしましょう。

すると、どうでしょうか。「マイナス4」だった感覚がさらに悪化しますか。「マイナス5」とか「マイナス7」になるでしょうか。それとも、イヤな感覚が和らいで「マイナス3」とか「マイナス2」に変化していくでしょうか。

イヤな感覚が強まるのか弱まるのかは、個人差があります。**自分の生理現象に意識**

を向けて、感覚レベルを数字で表現しましょう。

あまり変化がなければ、「マイナス4」のままでもかまいません。

そして、**今度は明度をダウン**させていきます。頭の中で目にしているすべてを暗くしていくのです。

感覚レベルを記録したら、いったん最初の明度に戻します。

すると、感覚レベルはどうなるでしょうか。イヤな感覚が弱まり「マイナス3」とか「マイナス2」に変化しますか。それとも、よけいに気分が悪くなり「マイナス5」や「マイナス6」になりますか。

私の場合、明るくしたほうが気分を鎮めることができました。どのような過去体験を引っ張り出しても、同じです。

効果としては「2」〜「3」に改善する程度です。「マイナス5」が「マイナス3」、「マイナス3」が「0」に変化してくれます。

その一方で、暗くしたほうが落ち着くと言う人もいます。

どのように明度を変化させても感覚レベルが変わらないと言う人もいます。

個人差がありますので、いろいろな過去体験を引っ張り出して試してみてください。

◎色彩（コントラスト）の強弱

続いては、**同じ情景の色彩を変えていきます。**

サブモダリティを変化させる際、**必ずいったんは元の映像（体験）に戻すことが重要**です。

暗くしたら暗くしっぱなし、明るくしたら明るくしっぱなしにはしません。「せっかく気分が改善されたのに」と思う人もいるでしょうが、「自分を知る」ために重要なプロセスですので、ぜひ守ってください。

次のサブモダリティは色彩ですから、**過去体験のそれぞれの素材にハッキリとした色をつけていきます。**

目の前に立っている中年の会社員はどんな服を着ているか。ネクタイをつけていたか。その色は何色か。髪は白髪が混じっていたか。雨に濡れてどんな風な色彩になっていたか。女子高生がつけていたヘッドフォンは何色だったか。女性に抱っこされていた子どもは、どんな色の服を身につけていたか……。

一つひとつに色をつけていきます。

正しくなくてもかまいません。こんな風じゃないかというイメージでいいのです。そうすることで、どのような生理現象を覚えるかを確認することが目的だからです。

過去体験に色をつけていくことで気分が悪くなるようであれば、感覚レベルが「マイナス6」とか「マイナス7」になることでしょう。気分が少しは落ち着くのであれば「マイナス3」とか「マイナス2」になるでしょうか。

また元の映像に戻し、今度は色を抜いていきます。

つまり、彩度を落として無彩色に近づけていくということです。**最終的にはモノクロの映像**になるでしょう。色をつけるよりは簡単にできるはずです。

よりいっそうネガティブな感覚に陥るのであれば「マイナス5」とか「マイナス6」に、感覚レベルが改善されたら「マイナス3」とか「マイナス2」となるでしょう。

ご自身で感覚レベルを記録してください。変化しなければ変化なしでかまいません。

私の場合は、モノクロに近くなったほうが、気持ちは落ち着いてきます。「明るさ」と比較しても、こちらの「色彩」のサブモダリティのほうが、私には効果が高かったと言えます。

あなたはどうでしょうか。

◎動画・静止画

続いては、**動画にする場合と静止画にする場合での変化を見ます**。同じように変化した感覚レベルを記録しましょう。

過去体験が動いていたほうが心が落ち着くか、それとも止まっていたほうが気分が改善するか、です。私は静止画にしたほうが、断然効果が高かったです。

◎立体・平面

次は、**映像を立体か平面かで変化を見ます**。

事物を立体的に眺めるか、それとも、奥行きのない平面で捉えるかで、受ける感覚は異なるものです。

立体的に受け止めれば、リアル感は高まります。しかし、平面的と認識すれば、テレビの中の映像のように受け止められるでしょう。

立体的か平面的かの違いで、感覚レベルの違いを見つけてみましょう。

◎距離

最後は距離です。

情景を再現するときに、どの位置から映像を見るかを考えます。

雨に濡れた中年の会社員、大きなヘッドフォンをつけ、不機嫌そうにあなたに目をやる女子高生がすぐ**目の前にいるケース**と、（現実的にはありえませんが）**1メートルぐらいカメラをグーッと引いて眺めたケース**とを比べます。

おそらく、サブモダリティを距離にした場合、個人差は少なく、ほとんどの人が距離を長くとったほうが気分が和らぐはずです。「マイナス4」だったのが「マイナス2」「マイナス1」と変化するでしょう。

さらに5メートル、さらに10メートルと距離を離していったらどうなるでしょうか。

感覚レベルを数字で捉えていきましょう。

目の前に立っていた人たちの表情もわからなくなる場所まで遠のいたら、もう何も感じなくなるようになるかもしれません。

つまり、感覚レベルが「0」に近づくということです。

◎効果的な加工を組み合わせる

最後は、これまでの5つの加工の仕方のうち、**自分にとって気分が落ち着いたものだけを選んで組み合わせます。**

例えば映像を暗くして、白黒にして、静止させて、100メートル離れる。

そうすると、どうでしょうか。

感覚レベルが「0」に近い状態になりませんか。

何の生理現象も起こらないことを確認したら、加工した情景を写真たてに入れるような感じで、フレームに入れてしまいます。そして、その映像を頭に焼き付けるのです。

気を散らすことなく、集中して一連のプロセスを踏むことにより、過去体験が書き換わります。

単に映像を構成する素材（サブモダリティ）を変えただけですが、頭に焼き付けたあと覚醒したら、次にその記憶を脳が引き出そうとすると、加工済みのフレームに入ったものが想起されやすくなるのです。

その結果、不快な過去を追体験することが減り、思考プログラムをネガティブにすることを抑制する効果があります。

これがサブモダリティ・チェンジという記憶の書き換えの手順です。

優位感覚によって加工してもOK

ちなみに加工の仕方は、優位感覚（VAK）によって、いろいろカスタマイズできます。

例えば、今回は**視覚情報（V）**だけで加工しましたが、**聴覚情報（A）**を使ってもいいでしょう。音の大きさ、音の高低、音のリズム、音との距離……などの素材（サブモダリティ）を変化させるのです。

エクササイズ③

過去を書き換える「サブモダリティ・チェンジ」の手順

①書き換えたい過去の体験を引っ張り出してアソシエイト

アソシエイトのやり方やポイントは、エクササイズ②と同じ。

ポイント

・慣れないうちは、感覚レベルが「マイナス5」未満のものを題材に選ぶ。

②当日の状況を詳しく思い出す

五感をフル活用して具体的な情景を思い出し、アソシエイトしていく。頭の中で流れる映像が勝手に動き出すレベルで没入。

③「明るさの強弱」で書き換え

現在、追体験している感覚レベルを数値化。
目の前の映像の明るさをアップし、眩しくて目を細めるぐらいの明るさにする。
そのときの感覚レベルを数値化。
元の明度に戻し、今度は明度をダウンし、その感覚レベルを数値化。

④「色彩(コントラスト)の強弱」で書き換え

元の明度に戻したら、同じ情景の色彩を変える。
一つひとつに色をつけていき、そのときの感覚レベルを数値化。
元の映像に戻し、色を抜いていき、最終的にモノクロ映像にする。
そのときの感覚レベルを数値化。

⑤「動画・静止画」で書き換え

動画にして、その感覚レベルを数値化。
静止画にして、その感覚レベルを数値化。

⑥「立体・平面」で書き換え

立体にして、その感覚レベルを数値化。
平面にして、その感覚レベルを数値化。

⑦「距離」で書き換え

その情景を1メートル、カメラを引いて眺め、その感覚レベルを数値化。
さらに、5メートル、10メートル引いて、それぞれの感覚レベルを数値化。最終的に、目の前に立っている人の表情もわからない場所まで遠のく。

⑧効果的な加工を組み合わせ、その情景をフレームに入れる

5つの加工のうち、自分にとって気分が落ち着いたものだけを選んで組み合わせる。何の生理現象も起こらないことを確認したら、加工した情景を写真たてに入れるように、フレームに入れる。

体感覚情報（K）であれば、肌で感じる暑さ、湿った感じ、重さ、臭い、味……など、その体験を構成する要素（サブモダリティ）すべてを抽出し、自在に変化させるのです。

私が以前、トラウマになりそうなほどイヤな体験をサブモダリティ・チェンジで修正したときは、映像を静止させ、眩しいほどに明るくし、10メートルほど距離を置き、セピア色にしてフォトフレームに入れ、お気に入りの曲を流しました。

これまではふとした瞬間にそのイヤな思い出が頭をよぎるたび、どんより落ち込んだものですが、加工したあとは、どのように頑張って思い出そうとしても、好きな曲とともにフォトフレームに入ったセピア色の画像しか、記憶から引っ張り出せなくなったのです。

とても不思議な感覚でした。

このように、過去のイヤな体験、今の思考プログラムをつくったであろう出来事を一つひとつ修正していくことで、私の思考プログラムそのものが変化していったのです。

「事実を消す」のではなく、そのときの「感覚を忘れさせる」

どんなにマイナスな体験でも、10年も20年も経過すれば、「あれも1つのいい思い出だ」などと、だいたいは認識できるようになるものです。

しかし、1週間前や1カ月前の出来事ですと、どんなに自分に言い聞かせたとしても、追体験するたびに落ち込んでしまうものです。以前は自信があったことでも、だんだんとチャレンジする意欲が失われていきます。

弱くなっていく自分に嫌気がさし、さらにネガティブな思考プログラムができあがっていくものです。

サブモダリティ・チェンジは、このような負のスパイラルを止める役割をします。

私の場合、サブモダリティ・チェンジを何度もやった結果、過去のイヤな出来事が書き換わったというよりも、消えてなくなったと言えばいいでしょうか。そんな感覚を覚えています。

事実、私をネガティブ思考にしていった過去の細かな出来事は、今思い出そうとしても、なかなか思い出せなくなっています。他者から言われたら、脳の記憶装置から引っ張り出せるかもしれません。

しかし、それは「先週の月曜日の夜に食べた魚って、少し骨が多かったよね」と言われて、「そうだったかな」と思いめぐらす程度の、インパクトの小さな、どうでもいい事柄に変容しています。

「先日の会議で部長が言ってたこと、気にしないほうがいいよ。部長も言い過ぎたって、反省しているみたいだから」

と言われても、

「部長に言われたことは覚えてるけど、そんなに気にしているような素振りをしたかな」

と受け止めるぐらいになっています。

こうなると、成功です。

過去の記憶を思い出しづらくなったとしても、その体験そのものが記憶から消去されたということではありません。そんな〝記憶喪失状態〟にすることなどできません。

「事実」は記憶から消すことは難しいでしょう。
ただし、**そのとき鮮明に覚えた「感覚」を忘れさせることはできる**のです。

駆け出し時代の辛さを救ったメソッド

私がアタックスというコンサルティングファームに入社したあと、仕事がなかなか取れなかったため、年間30回のセミナーを開催すると公言しました。

知名度もなく、無料でやっても4～5名が集まればいいという程度の私のセミナーは、何度やっても効果は見えませんでした。セミナーを通じて経営相談を受けたり、コンサルティングの仕事が来ることはありませんでした。

時間と労力がかかるだけでなく、セミナーを告知したり、会場を確保したりするにはお金もかかります。多様なコストを投じても、一向に期待どおりの成果が見えないと、ドンドン自信を失っていきます。

自信を失ったコンサルタントのセミナーを聞いても、誰も心は動きません。どんなにセミナーを繰り返しても、個別相談を受ける件数は増えない。先が見えない日々がずっと続きます。

もともと日立製作所にいた頃、まったく成果を出せなかったシステムエンジニアの私が、当時60年以上の歴史があるコンサルティング会社で、「営業」をテーマにしたコンサルティング業務ができるはずがない。

誰もがそう捉えるはずです。

セミナー中にまったく反応がなく、途中で帰っていく受講者がいれば、その日の夜まで立ち直れないほど落ち込みます。どんなに準備しても、どんなに工夫しても報われないと、次のセミナーに向けて準備する気力もなくなってしまう。一人でも多くの人に自分のセミナーに来てもらいたいというモチベーションはゼロに近づきます。

落ち込んでいても仕方がない。前を向いてやるしかない——。

当時の私を見た人は誰もがそうアドバイスすることでしょう。

しかし、頭ではわかっていても、気持ちは上向きません。どれほど自分に言い聞かせても、その感覚は変わらないのです。

私は「鈍い人」ではありません。鈍感力が高くない私は、底が見えないほど落ち込むと、なぜ35歳のときに日立製作所を辞めてしまったのか。入社しようとしたくても、なかなか入ることができない会社なのに、どうしてそんな決断をしたのか……。

ネガティブに考え始め、その思考が無限に続きます。考えても仕方のない事柄を繰り返し反芻してしまいます。「今さら言ってもしょうがないだろう」「そんなこと考えても得することなど何もない」と、自分に言い聞かせては無意識のうちにまた嘆き始める。この連続でした。

そんな日々で、私を助けてくれたのは、友人でも職場の先輩でもなく、サブモダリティ・チェンジでした。

事実は事実として受け止めます。しかし、考えてもしょうがないマイナスな感覚を持ち続けても、いいことは何もありません。**サブモダリティ・チェンジを使って、追体験したくない過去の認識を書き換え続けました**。

過去を引きずることなく、セミナーに登壇し続けます。

年間30回のセミナーができるようになったら、翌年から100回開催すると目標を掲げます（週に2回のペース）。そして、実際に100回のセミナーを見事達成させ、それ以降は現在（2018年）まで、一度も途切れることなく「年100回」のセミナーを継続することになります。

アンケートに大きな「×」を書かれた日のことはよく覚えています。しかし、はっきり覚えているのですが、数日後には何の感情も抱きませんでした。サブモダリティ・チェンジを続けたおかげで、きちんと反省するところは反省し、次に向けて前向きに改善・改良し続けることができたのです。

1％でも改善されれば、100回実施すると、だいたい27倍にまで改善されます。私は営業の経験はありませんでした。しかし、経験がないからこそ、イノベーティブな発想をすることができたと自負しています。

その発想の集大成が「予材管理」というメソッドです。のちにNTTドコモやソフトバンク、サントリーといった日本を代表するような企業にも採用されるマネジメント手法を、私はこの時期に確立していったのです。

新しいラポールを構築する

本書もいよいよ最後になりました。

最後にお伝えしたいのは、ラポール（信頼関係）についてです。

この本では「変化に動じない強い人になるためには、自分を変えていくことが不可欠である」という前提で、新しい自分になるための知識やテクニックをいろいろ解説してきました。

この本がきっかけとなって変われたという読者が一人でも増えることを願っています。

ただし、自分が変わるということは、「地位や環境が人をつくる」という話で言うと、今の地位や環境とのミスマッチが起きる可能性は十分あります。

例えば、会社組織で「2：6：2の法則」の中間層にいた人が、意識が変わって上位層に行こうとすると、それまで仲良くしていた同僚から「何、お前、最近頑張っちゃってるの？」と茶化されたりします。

そういう人たちとは今までラポールを構築していただけに、冗談めいた言葉であっても心にズシンと響きやすいものです。

よほどの抵抗勢力になる場合は、心を鬼にして距離を置く必要もあるでしょう。

慣れ親しんだ人と距離を置くことになるのは寂しいことではありますし、信頼関係を維持したまま自分が変わっていければベストでしょうが、**「人生という物語の主人公は自分である」**という認識を忘れないようにしましょう。

ただし、です。

家族との関係だけは、しっかりフォローすることを私はおすすめします。

最も身近にいる人の生活習慣や言動や考え方がみるみる変わっていく姿を見れば、心配になるのは当然です。

その思いは理解してあげて、不安がっているならコミュニケーションをしっかりとり、少しでも違和感を払拭してあげる努力を続けるべきです。

最後にどうしても付け加えたいことがあります。

新しい自分に変わっていくときに一番信頼すべきなのは、あなた自身です。

結局、自分に自信が持てない人というのは、自分に対するラポールがないということ。自分を信頼していないと安心や安全の欲求が満たされず、違和感を覚えます。

何か新しいことをやろうとしたり、新しい人に会おうとしたときに、居心地の悪さを覚えるのであれば、それは安心安全の欲求が満たされないからと受け止めてみます。

その状態で未来に希望を持つことはできません。

自分の悪いところばかりに焦点を合わせず、いいところにも目を向けましょう。

無意識のうちに、自分の長所であったり、過去の成功体験を引っ張り出せるような脳に改造していくのです。

そうすることで、必ず自分と正しい関係を築くことができます。

おわりに

最後までお読みいただき、ありがとうございました。

私が「絶対達成社長の会」を始めたのは45歳のときです。目的はあったものの、短期間でこれほど大きくなっていろいろな人とかかわり合えるようになるとは思ってもみませんでした。

何か新しいことを始めると、何か新しい出会いがあり、自分が何か新しい者になっていく。

その繰り返しだから、人生はおもしろいのだと常々思います。

私は今49歳ですから、例えば30歳ぐらいのときの自分に「19年後、何してるか想像できる？　会社を経営しながら営業コンサルタントをしているよ」と言ったらどう反応するか。

間違いなく言葉が出ないほど驚くか、声を立てて笑い、取り合わないことでしょう。

でも、今では自分の変化を楽しめるようになっているだけに、例えば目の前に19年後の私が目の前に現れて「お前は将来、シンガポールに住んで不動産を売っている」とか、「インドで5000人の従業員のいるＩＴ企業を統括しているよ」と言われても、驚きはするでしょうが、「なぜ？」とは尋ねないと思うのです。

きっと何かのご縁があって、そうなったのだろう。それならそれで、未来を受け入れるしかありません。どこに住んで、どんな仕事をして、どんなことを目指しているかは関係がないからです。

そんなことよりも、未来の私と出会えるなら聞きたいことは1つだけです。

「今の俺より幸せかい？」

そこで未来の私が「まあね。少なくとも、今のお前より幸せだよ」と言ってくれたら私は満足です。そこに至る細かい話も聞きたいとは思わないでしょう。それは楽しみにとっておけばいいのですから。

あなたも、もし未来の自分と出会えて、「何十年後、全然違う仕事をしていて、全然違う場所で暮らしているけど、とっても幸せだよ」と言われたら、穏やかな心になれそうな気がしませんか。

この本で紹介したさまざまなテクニックや知識を使って、変化に動じない強い自分に生まれ変わり、筋書きのない人生を楽しんでいただければと思います。

２０１８年９月

横山信弘

【著者プロフィール】

横山信弘（よこやま・のぶひろ）

アタックス・セールス・アソシエイツ代表取締役社長。

企業の現場に入り、目標を絶対達成させるコンサルタント。支援先は、NTT ドコモ、ソフトバンク、サントリー等の大企業から中小企業にいたるまで。3大メガバンク、野村證券等でも研修実績がある。企業研修は、基本的に価格がつけられず「時価」。にもかかわらず、研修依頼はあとを絶たない。現場でのコンサルティング支援を続けながらも、年間 100 回以上の講演実績は 6 年以上を継続。

全国でネット中継するモンスター朝会「絶対達成社長の会」は、東京、名古屋、大阪、福岡など全国 8 カ所で同時にネット中継し、経営者、起業家を 600 名以上動員する。メルマガ「草創花伝」は 4 万人以上の経営者、管理者が購読。日経ビジネスオンライン、Yahoo! ニュースのコラムは年間 2000 万以上の PV を記録する。

著書『絶対達成マインドのつくり方』『空気で人を動かす』など著書の多くは、中国、韓国、台湾で翻訳版が発売されている。ロジカルな技術、メソッドを激しく情熱的に伝えるセミナーパフォーマンスが最大の売り。

◎横山信弘メルマガ「草創花伝」
http://attax-sales.jp/mailmagazine/
◎絶対達成チャンネル　http://www.forestpub.co.jp/yokoyama/

自分を強くする

2018 年 10 月 17 日　初版発行
2018 年 10 月 29 日　3 刷発行

著　者　横山信弘
発行者　太田　宏
発行所　フォレスト出版株式会社
〒 162-0824 東京都新宿区揚場町 2-18　白宝ビル 5F
電話　03 - 5229 - 5750（営業）
03 - 5229 - 5757（編集）
URL　http://www.forestpub.co.jp

印刷・製本　中央精版印刷株式会社

ISBN978-4-86680-006-6　Printed in Japan

自分を強くする

読者の方に無料
特別プレゼント

自分をさらに強くする
コンテンツ2点

著者・横山信弘さんより

自分をさらに強くするのに役立つ２つのコンテンツをご用意しました。１つは、「逆説的超ハイパフォーマー脳構築法」（PDF ファイル）、もう１つは、「新しい人生の扉を開く！ 神話の法則で運命を書き換える方法」（動画ファイル）です。いずれも自分をさらに強くするのに効果的な内容になっています。ぜひダウンロードして、これからの激動の時代にも動じない「強さ」づくりにお役立てください。

特別プレゼントはこちらから無料ダウンロードできます↓

http://frstp.jp/249

※特別プレゼントは Web 上で公開するものであり、小冊子・DVD などをお送りするものではありません。
※上記無料プレゼントのご提供は予告なく終了となる場合がございます。あらかじめご了承ください。